光尘

LUXOPUS

# THE EDUCATION OF CHILDREN

# 孩子的教育

[奥地利]
阿尔弗雷德·阿德勒
著

刘薇娜
译

国际文化出版公司
·北京·

**图书在版编目（CIP）数据**

孩子的教育 /（奥地利）阿尔弗雷德·阿德勒著；刘薇娜译．--北京：国际文化出版公司，2022.7
ISBN 978-7-5125-1415-7

Ⅰ．①孩… Ⅱ．①阿… ②刘… Ⅲ．①儿童教育 Ⅳ．①G61

中国版本图书馆CIP数据核字(2022)第073893号

# 孩子的教育

| | |
|---|---|
| 作　　者 | [奥地利] 阿尔弗雷德 · 阿德勒 |
| 译　　者 | 刘薇娜 |
| 责任编辑 | 戴　婕 |
| 出版发行 | 国际文化出版公司 |
| 经　　销 | 国文润华文化传媒（北京）有限责任公司 |
| 印　　刷 | 文畅阁印刷有限公司 |
| 开　　本 | 880毫米×1230毫米　　32开<br>8.25印张　　150千字 |
| 版　　次 | 2022年7月第1版<br>2022年7月第1次印刷 |
| 书　　号 | ISBN 978-7-5125-1415-7 |
| 定　　价 | 49.00元 |

国际文化出版公司
北京朝阳区东土城路乙 9 号　　邮编：100013
总编室：（010）64271551　　传真：（010）64271578
销售热线：（010）64271187
传真：（010）64271187-800
E-mail：icpc@95777.sina.net

# 目　录

**导论　完整而独特地看待每一个孩子　/　001**

第 1 章　**人格具有统一性**

孩子的整体人格　/　017

了解整体人格的重要性　/　019

对事实的主观理解　/　021

孩子犯错背后的动因　/　022

惩罚为何无效　/　025

第 2 章　**孩子的优越感**

孩子对优越感的渴望　/　029

孩子的竞争意识　/　032

左利手孩子的困境　/　035

切实可行的目标　/　037

教育者扮演的角色　/　039

被溺爱和被压抑的孩子　/　042

## 第 3 章 培养孩子的社会情感

追求优越感的正确方向 / 049
孩子为什么懒惰 / 051
孩子为什么口吃 / 053
如何将弱势转化为优势 / 058

## 第 4 章 孩子的自卑感

自卑感带来的不良行为 / 063
胆小懦弱的孩子 / 065
孩子的自我评价 / 068
如何发现孩子的自卑表现 / 069
自卑感是如何形成的 / 071
如何帮助孩子解决行为问题 / 073

## 第 5 章 从自卑感到自卑情结

身体情况对孩子心理的影响 / 079
自卑感对学科学习的影响 / 082
预防自卑情结的常见教育问题 / 083

## 第 6 章 社会情感能力对孩子的意义

教育的社会性 / 095
社会情感对孩子语言能力的影响 / 098
社会情感对孩子逻辑与艺术能力的影响 / 099
孩子的社会情感水平 / 101
多胎家庭孩子的社会情感发展 / 103
男孩和女孩的教育差异 / 106

## 第 7 章 多胎家庭对孩子的影响

长幼顺序对孩子性格发展的影响 / 111
孩子为何冷漠 / 114
孩子为何陷入幻想 / 115

## 第 8 章 新环境对孩子的考验

孩子的隐藏性格 / 121
孩子内在心理的表现形式 / 122
孩子对新环境的心理准备 / 125
对孩子的性别教育 / 127
特殊家庭的教育 / 131

## 第 9 章 学校教育对孩子的影响

孩子入学的心理状态 / 135
智力测试的意义 / 138
如何看待孩子的成绩 / 143
留级与跳级 / 144
贫富差距与男女混校 / 146
孩子的学习兴趣 / 148

## 第 10 章 外界环境对孩子的影响

经济条件对孩子的影响 / 155
疾病对孩子心理的影响 / 157
家庭环境对孩子的影响 / 158
社会整体环境对孩子的影响 / 161
亲人对孩子产生的作用 / 163

儿童读物对孩子的作用 / 166

## 第 11 章 青春期与性教育

青春期孩子的典型表现 / 171
青春期孩子的性别差异 / 175
父母在孩子青春期的重要作用 / 176
恰当的性教育 / 179

## 第 12 章 勇气与自信心

孩子因何失去自信 / 187
如何重塑自信 / 191

## 第 13 章 父母的启示

有效的家校合作 / 197
积极的教育方式 / 201

## 附录Ⅰ 心理调查问卷 / 205

## 附录Ⅱ 案例分析 / 215

# 导　论
# 完整而独特地看待每一个孩子

从心理学角度讲，孩子和成人的教育问题都可以归结为自我认知和自我引导，但又略有不同：对成人教育而言，引导只是基础手段，但孩子还未发展成熟，所以成人对孩子的引导至关重要。如果让孩子自主发展，在拥有良好环境和漫长的发展时间的情况下，他们最终会接近成人的文明水平。但这显然不可能实现，所以，我们必须在孩子发展过程中给予引导。

那么问题来了，我们该如何正确引导孩子？作为成年人，我们都很难了解自身情绪起伏、爱憎喜恶等心理状态。对于孩子，即使有相关专业知识，想要了解和引导他们也是难上加难。

个体心理学（Individual Psychology）特别关注孩子心理相关的问题，不仅是理论本身的发展需要，还为了揭示成人性格和成人行为。不同于其他心理学体系，个体心理学将理论和实践紧密结合在一起。它强调人格的统一性，研究人格的发展动态和表现形式的变化。个体心理学是科学的知识，从错误和失败的经验中总结而得，是实践的智慧。无论是心理学家、父母、朋友还是个体本身，只要掌握了个体心理学内容，都可以进行实际应用，对相关个体给予引导。

基于个体心理学的研究方法，其理论要义相互联系，组成了有机整体。个体心理学认为人格的统一性激发和指导着个人行为，人类的行为与其心理活动同样反映了这样一种关系。我将在本章中整体介绍个体心理学的观点，并在后续章节中详细阐述孩子的心理引导和教育问题。

对内心目标锲而不舍的追求是人类发展过程中的一个基本现象。从婴儿期开始，孩子就无意中形成了他们的人生目标，他们朝着这个目标奋力成长，追求伟大、完美、优越。制定目标、为此奋斗的行为体现了我们作为人类而独有的思考和想象能力。这个目标是我们的人生指南，指导着我们的行为，甚至决定了我们的思考方式，我们根据既定目标和生活方式而思考，而非客观地思考。

人格具有统一性。每个个体的行为既反映着人格，又受人格的约束和塑造。如果把个体人格比作一幅画，那我们恰恰就是这幅画的创作者，我们是塑造自身人格的艺术家。艺术家不是完美无瑕的，也难以了解自己的内心和身体，他像普通人一样，有弱点、会犯错。

我们要知道个体在建构自身人格时是有局限性的，个体不会依据客观事实来构建统一的人格，而是依靠对生活的主观认识，因此，个体人格有独特的风格和目标。人对某一现象或事件的认识并不能客观地反映现象或事件本身。正因如此，生活在相同世界的人类个体会千差万别。我们生活在这个世界上，会对身边事物产生各种各样的看法，这些看法有的对、有的错，但它们都是我们塑造自我的依据。人类个体在成长过程中难免会犯错、遭遇失败，我们需要谨慎处理这些生活中的小插曲，特别是童年早期的认知偏差，因为它们会影响成年后的生活。

以一位患者的童年经历为例，该患者为52岁的女性，临床表现为喜欢诋毁年长于自己的女性。她从小就生活在姐姐的光芒之下，得不到大家的关心，一直感觉很自卑。如果我们用个体心理学中的“纵向”理论来看待这一案例，就会发现女人从幼年到生命的后期阶段都存在着相同的心理机制和动因：她总是害怕自己受到轻视，也会因他人受到优待或偏爱而变得愤怒、烦躁。即使不了解这位患者在生活中的其他方面，也不了解她自身人格的统一性，我们也可以利用心理学知识将她的童年经历和成年后的表现联系起来。此时，心理学家就好像是一位小说家，他需要根据特定的行动、生活方式或行为模式来构建小说人物，除此之外，还要保留人物自身人格的统一性。一位优秀的心理学家不仅能够预测这位患者在特定情境下的行为，还可以清晰描述她独特人格下的行动、生活方式或行为模式特征。

人类心理活动中存在着另一个重要因素，那就是自卑感。在自卑感的催化下，寻求发展和设立目标的行为参与构建了个体的人格。**孩子的自卑感是与生俱来的，自卑会激发他们的想象能力，通过改善处境能够逐渐缓解或消除自卑的心理状态，这就是心理学中的补偿理论**。

自卑感和心理补偿机制导致犯错的可能性变大。自卑感是一把双刃剑，它会帮助我们实现个人目标，也会让我们对自己进行心理调整，进而导致感受和客观现实之间的差距扩大。在自卑感较为严重的情况下，只有通过发展心理补偿机制才能克服，即使最后没能改变自卑状态，这也是我们心理发展过程中不可避免的经历。

假设有三组孩子，他们身上都明确显现出了补偿特征。第一组孩子，患有先天残疾；第二组孩子，在缺爱环境下成长；第三组孩子，在溺爱环境下成长。

上述三组分别代表了问题孩子的三种基本情况，通过对比分析这三种情况，我们可以了解相对正常状态下的孩子的发展情况。孩子先天残疾的情况并不常见，但令我们没有想到的是，大多数孩子都不同程度地表现出了与先天残疾的孩子类似的心理特征。缺爱环境和溺爱环境下成长的孩子也有相似的心理特征，几乎所有的孩子都可以按照这两种情况来划分，甚至有的孩子两者兼具。

在这三种情况下成长的孩子都会有不足感和自卑感，作为补偿，他们会产生一种超越常人的强烈野心。自卑感和追求优越感总是相伴产生，在同一个节奏上波动，二者是在同一基本现象下产生的两种心理感受。所以，心理状态出现问题时，很难判断究竟是严重的自卑感还是疯狂追求优越所带来的伤害更大。在案例中，我们发现，过度自卑会让孩子为自己制定偏执的目标，这种行为会毒害他的心灵，让他永远得不到满足。这对孩子来说没有任何益处，因为它是由不正常的野心所驱使的。这种野心就好像是被强行塞进了性格特征和个人风格的外壳里。它就像一个随时存在的警示器，个体因此变得异常敏感，而且时刻处于警惕状态，害怕自己受到伤害或被人超过。

个体心理学中有很多关于孩子过度自卑的案例。长期处于这种心理状态下的人会精神紧张，甚至举止怪异。发展到极端状态时，他们会变得以自我为中心、不负责任，甚至走上犯罪的道路。无论是道德层面还是心理层面，他们都是不折不扣的利己主义者。我们还发现，他们中的一部分人会选择逃避现实和客观事实，重新为自己构建新世界。这些人靠着白日梦和不切实际的幻想构筑了内心的平静。他们在脑海中虚构现实世界，以此来平衡现实和想象。

我们该如何判断孩子是否存在过度自卑的心理状态呢？心理学家和父母应该注意观察孩子或个体表现出的社会情感水平。社会情感是孩子正常成长过程中的决定性因素，也是判断孩子正常成长的标准。任何降低社会情感或集体情感的行为都会给孩子的心理成长带来严重影响。

围绕社会情感的原则，个体心理学形成了相应的教育方法。作为父母或监护人，我们不应该让孩子只依赖于某一个人，否则长此以往，他会很难适应未来生活。

校园生活是孩子最早要面对的严峻考验之一。通过观察孩子刚进入校园生活时的适应程度，我们可以判断他们的社会情感水平。对于他们而言，学校是一个全新的环境，因此，校园生活，特别是和老师、同学的相处情况，真实反映了孩子对新环境的适应程度。

如何让孩子做好入学前的准备，人们对这个问题的研究少之又少，所以，大多数人在回忆自己初入学的情景时，感觉就像是做了一场噩梦。但如果我们在孩子开启学校生活这件事情上给予正确引导，那么学校生活就可以弥补孩子在婴幼儿期形成的缺陷。理想状态下的学校应该是家庭和现实世界之间的协调者，它不仅仅要向孩子传授理论知识，还应该指导他们进行实践，教会他们生活的艺术。目前，学校还没有达到理想的状态，在帮助孩子克服由父母教育造成的缺陷这个问题上，学校还有很大进步的空间。所以，我们同时还需要从家庭入手，找出教育中存在的问题。

学校的作用有限，但它恰好可以反映出家庭教育存在的问题。如果孩子在婴幼儿时期没有接受过人际交往方面的教育，那他们在进入学校时很可能感觉孤单。他们会受到同学们的孤立，被认为是性格古怪，随着他们的成长，问题会变得越来越严重，甚至影响他们的正常成长，他们逐渐成了问题孩子。遇到这样的情况时，人们往往归咎于学校教育，而事实是家庭教育出现了问题，导致孩子的性格存在潜在缺陷，当他们开启学校生活时，这些缺陷便逐渐显现了出来。

行为存在问题的孩子是否能够在学校取得进步，在个体心理学中属于开放性问题。不过，我们可以肯定的是，**孩子在学校受挫是一个危险信号。这个信号并非特指学业失败，而是预示了孩子的心理健康出现了问题，它意味着这个孩子开始对自己失去了信心**。有些人在童年时期遭遇挫折时，他们会绕开正常的途径和任务，转而寻求通往肆意而为和不劳而获的道路。他们放弃了被社会认可的常规道路，选择了一条小路，在这条小路上，他们可以通过获取优越感来补偿自身的自卑感。同大多数受到挫折的人们一样，他会选择能够让自己快速在心理上获得成就感的途径。与遵守社会规范相比，无视社会责任、道德责任以及违反法律，更容易让一个人立于他人之上，体会胜利者的感觉。这种选择捷径来获取优越感的行为体现了内心的懦弱和无能，不管表面上看起来有多勇敢。这种类型的人只有在他笃定成功的情况下，才会选择做某件事，就是为了显示自己的优越感。

据我们观察，罪犯的行为看似鲁莽，但罪犯内心深处是非常懦弱的。同样地，我们也可以在孩子的行为中捕捉到各种迹象，这些迹象告诉我们被观察者存在性格缺陷。我们经常看到有些孩子总是站不直，想找物体依靠（成人也会出现同样的行为）。我们在训练这类孩子时，总是急于“对症下药”，没有认真思考隐藏在这些行为背后的心理因素。经常会有人对这样的孩子说：“站直，不要总是靠着东西。”其实在这种情况下，我们的关注点不应该是他总想要靠着什么物体的外在表现，而是他内心存在的过度依赖感。我们可以用惩罚或者奖励的方式改变他的这个行为，但他内心存在的过度依赖感并不能因此而消失，这种依赖感会一直伴随着他。优秀的教育者能够读懂这些行为传递出来的信息，并且能够感同身受，用自己的同情心治愈隐藏在行为背后的心理疾病。

根据孩子的某个行为表现，我们能够总结出多种性格特征。例如，从孩子站立时总想要靠着什么物体这个行为中我们可以快速得出他具有焦虑和依赖的性格特征。将他的情况与过往案例做对比分析，然后再重新构建此类型孩子的人格，我们可以看出，这是一个被溺爱的孩子。

现在我们来看一下另一组在缺爱环境下成长的孩子的性格特征。在研究这类孩子的性格特征时，我们可以参照反社会者这一群体的案例。在这个群体的档案里，有一个共同点就是他们在童年时期都受到了不同程度的虐待。所以，他们在成长过程中形成了冷酷、嫉妒和憎恨的性格，无法忍受他人幸福。嫉妒型人格不仅仅存在于罪犯当中，看似正常的普通人也可能会有嫉妒型人格。这种类型的人在看管孩子时，不允许孩子比自己童年时更快乐。不仅一些父母会有这样的态度，甚至负责照顾孩子的其他监护人也会有。

其实他们的嫉妒并不带有恶意，只是受虐待孩子成年后自然流露出的心态。从嫉妒型人格的案例中，我们可以总结出很多伴随着他们成长的“至理名言”，例如“孩子不打不成器”。我们有无数的证据和实例来证明这个想法是错误的，因为死板、专制的教育方式起不到任何作用，只是拉大了教育者与孩子的距离。

心理学家可以通过研究不同症状，找出症状之间的联系，进而建立一个系统，这个系统帮助我们找出内在的心理过程。心理的每一个方面都反映了人格，只有我们在所有方面都发现了相同的特征时，研究才算成功。因此，个体心理学不仅是科学知识，还是一门艺术。我们不能将个体心理学的概念系统死板、机械化地应用到个体身上。个体是研究的核心，不能仅通过个体的一两种表现就得出最终结论，我们需要找出所有能够支撑假设的潜在表现。例如在证实预先假设前，我们需要在个体行为的各个方面都找出了相同的固执和悲观特征，才能确定他具有固执和悲观的人格。

需要注意的是，个体并不理解自己的行为表现，因此无法隐藏真正的自我。一个人的自我评价和对待自我的态度并不能帮助我们准确地解读他的人格，我们需要做的是了解这个人的行为以及结合他自身情况对这些行为做出解释。虽然患者不会有意说谎，但我们还是应该知道他们有意识的思维和无意识的动机之间是存在巨大差距的，而缩小这个差距的最佳人选就是客观且具有同情心的旁观者。不管这位旁观者是心理学家、父母还是教师，都应该在客观事实的基础上解读。由此可以发现，人们无意中的行为也都带有目的。

在人类个体和社会生活中存在三个基本问题，个体对这三个基本问题的态度反映了他最真实的自我。

**第一个基本问题是社会关系**。这个问题我们已经在对比分析看待现实的主观和客观看法中讨论过了。社会关系也可以体现在具体任务上，比如说，交朋友、与他人友好相处。个体如何处理这个问题？他的答案是什么？如果一个人认为朋友、社会关系完全与他无关，他也不需要解决这些社交问题，那么

“不在乎”就是他的答案。通过他的答案，我们可以总结出这个人的人格方向和结构。另外，我们需要注意，社会关系并不局限于交朋友、与他人见面，它还涉及友谊、合作、真诚和忠诚等抽象概念，这些都属于对社会关系的理解。

**第二个基本问题是如何度过人生**。具体而言，就是我们想在社会分工中承担什么角色。如果这个社会问题是由多个个体来决定，由我和你之间的关系来决定，那么本质上可以看作为人类和地球的基本关系。我们可以把全人类看作一个整体，这个整体和地球建立相互关系。人类想从地球上得到什么？跟第一个问题一样，第二个问题即职业问题的答案也并不是单方面的，它不属于个人问题，而是关乎人与地球的相互关系，人们无法完全靠自己解决。成功不是由个人意志决定的，而是与客观现实有关。所以，个体对于职业问题的回答，以及他的思考方式都不同程度地展现了他的人格和对生活的态度。

**第三个基本问题来自人类被分为两性的事实**。这个问题的答案同样不是主观的，也不属于个人范畴，需要根据关系内在的客观逻辑来寻找答案。“我对异性的看法是什么？”，大多数人对这个问题的理解都不是完全正确的，只有考虑了所有与性别关系相关的问题后才能得到正确答案。爱情和婚姻中的问题，需要用正确的方法来解决，任何偏离的方式都意味着人格存在缺陷。不恰当地处理爱情和婚姻问题会引发各种不良后果，我们可以根据个体潜在的人格缺陷来解读这些不良后果。

根据对上述三个基本问题的回答，可以确定个体的生活方式和具体目标。这个目标对人们来说意义重大，目标决定了一个人的生活方式，他的所有行动也都会反映出这个目标。例如，某个人的目标是成为一名研究人员，这个目标在生活中是具有实际意义的，那么这个人解决所有问题的方式都会不同程度地体现出这个目标。在所有的解决方法都具有建设性作用时，他就会感觉很快乐，认为自己是有价值的，也是有能力的，这些感受都源自有意义的建设性活动。当目标消极，仅能体现个人利益，在生活中没有任何实际意义时，那他会发现自己连那些基本问题都解决不了。他也会因找不到合适的解决办法而闷闷不乐。

三个基本问题是相互联系的。在社会生活中，这些基本问题可能会产生不同的具体任务，而这些任务只有在社会或公共环境下才能实现，也就是在社会情感的基础上实现。任务最早出现于童年早期，随着社会生活的刺激，孩子的感官会逐渐发展成熟。在孩子看、说、听的过程中，以及与兄弟姐妹、父母、亲戚、同事、朋友和老师的交往过程中，也会产生各种各样的任务。这些任务总是在与他人或社会的互动中产生，所以，逃避社交的人是迷茫的。

个体心理学坚持认为有益于社会发展的才是“正确的”。不符合社会标准的方法是不正确的，它们违反了法律法规和客观现实。对于错误行为实施者来说，错误行为会让他毫无价值感；对于错误行为承受者来说，他们若进行报复，则会产生更加强烈的无价值感。违反社会标准的行为会破坏内心固有的社会理想，这种社会理想不管是有意识的还是无意识的，都存在于内心深处。

个体心理学强调用孩子的社会化程度来衡量他们的成长情况，借此能更加容易地了解和评估孩子的生活方式。通过观察孩子的生活问题可以看出他们是否已经做好了“正确的”准备，即是否具有社会情感，比如是否有勇气、是否有理解他人的能力、是否有积极的目标。接下来我们要找出他们实现目标的形式和节奏、自卑感和社会化的程度。这些因素相互联系、相互渗透，共同构建了一个不可分割的有机整体。如果在构建过程中出现了错误，个体就会进行重建，直到形成稳定的有机整体。

第1章

# 人格具有统一性

## 孩子的整体人格

孩子的精神世界就像一个万花筒，不管我们转到哪一个角度，它都会开出绚烂的花。而孩子的生活则像是一幅写满字的卷轴，不管我们想要了解哪个字，都需要打开整个卷轴，或许这才是最吸引我们的地方吧。孩子的每一个行为都展现出了他的整个人生和人格，而人生和人格又是一种无形的背景，不结合这些背景，我们便无法了解孩子的个人行为。我们把这种相互关系称为人格的统一性。

人格的统一性从童年时期就开始发展，在这个过程中，行为和表达方式相互协调形成一个统一的模式。孩子在生活中会有各种各样的需求，他们必须用统一的方式表达这些需求，这种统一的方式塑造了孩子的性格，同时赋予了孩子个性化特征，将个体与其他做出类似行为的孩子区别开来。

大多数心理学派都会忽略人格统一性的存在，即使他们承认统一性的存在，也没有给予相应的重视。所以，我们经常发现，在心理学理论和精神疾病治疗中，专家们会把某一特殊手势或表情作为独立的研究对象。有时我们把人们的某种表现形式称为情结，这样它就可以从人们的其他活动中分离出来了。这种分离就好比从乐谱中单独拿出一个音符，不顾整体地想要了解它的意义。这种分离本不恰当，却被广泛应用于心理治疗。

个体心理学反对这种普遍的错误方式，如果把这种方式应用到孩子教育中，更是会给他们带来巨大的伤害。惩罚理论可以充分说明这一点。如果一个孩子做错了事，要受到惩罚，这时我们通常会考虑这个孩子的人格给我们留下的总体印象，但对孩子来说是不公平的。如果一个孩子屡次犯错，那老师或父母会带着偏见看待他，认为他无可救药。相反，表现一直优秀的孩子偶尔做错事情时，因为“表现优秀”的总体印象已经先入为主，所以人们不会给予这个孩子特别严厉的惩罚。不管是上述哪种情况，我们都没有找到真正的问题根源，只有全面了解孩子的人格统一性，才能从源头解决他们的行为问题。个体心理学要做的就是把音符放回乐谱中，再去了解它的意义。

当问一个孩子为什么这么懒时，我们不可能从他身上得到我们想知道的答案。同样地，我们也不能指望一个撒谎的孩子告诉我们他为什么撒谎。伟大的哲学家苏格拉底对人类本性有着非常深入的认识，几千年来，他的话一直回旋在我们耳畔：“世界上最难的事就是认识自己。”就连心理学家都无法解决这个问题，我们又有什么权利要求一个孩子能够回答这么复杂的问题呢？了解个体行为含义的前提是了解他的整个人格，这个方法不是要描述孩子做了什么或如何去做，而是要了解他在面对任务时采取的态度。

## 了解整体人格的重要性

了解孩子人生的整体背景是非常重要的。举个例子，一个家庭有两个孩子，老大是一个 13 岁的男孩，他 5 岁时妹妹出生。这个家庭的经济条件不错，妹妹出生之前，父母对老大有求必应。妈妈聪明、心地善良，特别宠爱儿子；爸爸和蔼可亲、温文尔雅，他很享受儿子对自己的依赖。因为爸爸是一位军官，长年离家在外，所以这个男孩跟妈妈的关系更近一些。男孩已经习惯了自己是家庭的中心，所有人都围着自己转，他时不时地冒出一些奇怪的想法，而妈妈总会想尽办法满足他。当然，妈妈也经常被儿子没有教养或带有威胁性的表现激怒，母子的关系逐渐变得紧张起来。男孩会不断地欺负妈妈，使唤她、捉弄她，总之就是不管何时何地他都要让自己成为那个不听话的孩子。

男孩的行为让妈妈很困扰，但他又没有表现得特别过分，所以妈妈只是教训他几句，然后又开始帮他整理衣服、辅导课业。这让男孩认为不管自己犯了什么错误，妈妈总会帮助自己摆脱麻烦。他其实是一个聪明的孩子，像大多数孩子一样受到了良好的教育。在小学和初一阶段，他的成绩还不错。直到初二，他的性格突然发生了巨大的改变，父母与他的关系也变得极度紧张。他自暴自弃、懒散堕落，他的所作所为让妈妈非常担心。一旦妈妈没有满足他的要求，他就会生气地拉扯妈妈的头发，拽她的耳朵或手，闹得妈妈片刻不得安宁。男孩拒绝改变自己的发泄方式，随着妹妹长大，他的行为愈演愈烈。妹妹很快也成了他的攻击对象。虽然他没有伤害妹妹的身体，但我们可以看出他的嫉妒之心。从妹妹出生开始，男孩的行为变得越来越恶劣，他就是要成为家里面的破坏大王。

当孩子的行为越来越恶劣，或者表现出了某些明显的不良征兆时，我们必须找出行为发生变化的起始点以及发生这种变化的原因。使用“原因”这个词很勉强，因为大多数人都无法理解为什么妹妹的出生会导致哥哥成为问题小孩。但这种情况确实很常见，而且当事情发生在孩子身上时，我们就不能单纯地认为这只是态度错误而已。严格地从自然科学意义上讲，这根本就不是因果关系，不能说因为弟弟妹妹的出生，哥哥姐姐就会变坏。自然科学对客观现象确有定论，比如说，石头肯定是以一定速度垂直落地。但在个体心理学中，精神世界的“崩塌”并不存在严格意义上的因果关系，只是这些大大小小的错误会影响个体的未来发展。

## 对事实的主观理解

在人类心理的发展过程中，一定会有错误发生，这些错误及其后果先后出现，以失败或方向错误的形式表现出来。人类心理活动中有制定目标这一项，而制定目标的过程需调动主观判断，因此就会有判断错误的可能性。制定目标的活动最早出现在童年早期，两三岁的孩子就已经开始为自己制定目标了，他们的目标就是要获取优越感，并且一生都会用自己的方式为实现这个目标而努力，所有人都会遵循这个规律。尽管孩子在确定目标的过程中可能会判断错误，但已经确定好的目标还是会不同程度地指导着孩子的行为。孩子通过具体行为对目标进行细化，同时根据这个目标规划自己的人生，然后一点一滴地向着目标努力。

由此可以看出，**孩子自身对事物的理解决定了他们如何发展和成长；当他们陷入新的困难情况时，他们的行为又会受制于自己曾经的错误和失败经验，了解这两点对于孩子心理教育至关重要**。在特定情境下，孩子表现形式的强弱或特征并不取决于客观事实或客观环境（比如说妹妹出生），而是取决于孩子对事实的主观理解。这充分证明了因果关系理论的不合理性：客观事实及其绝对意义之间存在着某种联系，但与错误的主观判断之间不存在任何关联。

主观判断而不是客观事实本身决定了要选择的方向，这一点非常重要。对客观事物的主观判断是指导我们行动的基础，同时也塑造着我们的人格。经典案例“恺撒征服埃及”可以说明主观判断对行为的影响。恺撒在攻打埃及时，他下船跳到岸边，没有站稳，跌倒了。跟随他的罗马士兵认为这是不祥之兆。如果不是恺撒挥舞着胳膊大喊“非洲，我一定会拿下你的！”，再勇猛的士兵，看到恺撒跌倒也很有可能就掉头回罗马了。从这个例子中我们可以看出，**现实事件里存在的因果关系太过薄弱，一个构建良好的完整人格会影响事件结果**。该理论同样适用于群体心理和理性意识的关系：如果在一个事件中，与群体心理的某一个条件相比，理性意识占了上风，这并不是因为群体心理或理性意识给出的理由符合当时情况，这其中并不具有因果关系，只能表明群体心理和理性意识都反映了人们的自主性观点。通常，只有在我们尝试并证明了错误观点行不通以后，理性意识才会建立起来。

## 孩子犯错背后的动因

回到男孩的案例。男孩很快发现自己身处一种糟糕的境遇。大家不再喜欢他，他在学校里没有任何进步，行为也没有任何改变。周围人都很讨厌他的所作所为，他的行为完全展现出了他的人格。接下来的事情就可想而知了，只要他的行为妨碍到了其他人，他就会立刻受到惩罚，比如，收到较差的成绩报告单、寄送给家长的投诉信。这样的情况每天都在上演，直到学校认为男孩不再适合学校生活，建议他退学。

得知这个结果时，男孩应该是所有人中最高兴的了，他达到了自己的目的。男孩的态度表明了他的行为模式里的逻辑始终是一致的。他始终保持着错误的态度，且固执不变。他总想让自己成为所有人关注的焦点，这就是他的根本性错误。如果犯了错误就应该受到惩罚，那他就应该为此接受惩罚。这个错误造成的后果就是，妈妈必须不断地照顾他。也正是因为这个错误，8 年来，他就像一个至高无上的王子，试图想要成为妈妈生命里的唯一，而妈妈也总是在他身边等待着他的吩咐，但妹妹的出生剥夺了他的王位。为了夺回王位，男孩又因此犯了一个错误——暴力反抗。但我们应该知道他本质上既不坏，也不恶。只有当孩子处于未经准备又无人指导的境况时，恶劣的行为才会出现。例如，一个孩子习惯了妈妈对他全身心投入，突然间情况发生了变化，他进入了学校生活，在学校里，老师需要照看整个班级，无法只关注某一个同学。当有学生想要博得老师更多的关注时，老师会难以顾及。这种情况对被家长溺爱的孩子来说非常危险，但这个孩子最初并不是十恶不赦或是无可救药。

男孩个人的计划与学校环境的要求存在一定的冲突。这个冲突可以用图形表现出来，将男孩人格的方向和目标画出来，再画出学校要求制定的目标。从中可以看出这两个目标指向了不同的方向。男孩生活中的所有事情都围绕目标运转，也就是说，他的整个系统都是静止的。另一方面，学校要求每一个孩子都建立一个常规的生活方式。所以，冲突不可避免。但学校忽视了冲突下的心理因素，学校既不允许冲突的存在，也没有尝试消除冲突的根源。

这个男孩渴望妈妈随时随地只为他一个人服务，这种强烈愿望主导了他的生活。他的行为动机表明，所有的想法都指向了一件事：我一定要独占妈妈，她只属于我一个人。但事实上，他还需要做其他事情，而且这些事情需要他独立完成，比如说看管好自己的课本和作业、整理好自己的物品。这就像是用赛马拉车，其任务和属性不匹配。

在这个案例中，男孩的表现并不好，但如果我们了解了真实情况，可能更多会对其感到同情。学校的惩罚起不到任何实质性的作用，因为惩罚只会告诉男孩他不适合学校生活。不管是被学校开除还是暂时离开学校，他都距离自己错误的目标更近了一步。这就像陷阱，让他误以为自己已经有所收获了。

## 惩罚为何无效

在了解真实情况后，我们就该知道因为各种错误去惩罚男孩起不到任何作用。例如，他忘记带课本了，这也是我们意料之中的事情，因为他的目的就是让妈妈来学校为他送课本。这种行为不是独立存在的，它是人格计划的一部分。要知道，人格的所有表现形式是一个统一体，男孩的行为始终没有任何改变，一直遵循着他的生活方式和人格的内在逻辑。这也证明了，他成绩差并不是因为不聪明，因为真正智力低下的人根本无法活出自己的人格。

这个复杂的案例也说明了另一点。从某种程度上说，我们都处于与那个男孩类似的情况。我们自己的计划、对生活的解读与社会传统法则并非完全一致。以前，人们认为社会传统法则神圣不可侵犯，现在我们逐渐认识到人类的社会制度并不神圣，也非一成不变。社会制度在不断发展和完善，其动力正是社会中每个人的向前奋斗。**社会制度为我们而存在，而非我们为社会制度存在。社会生存法则就是要保持社会意识**。但人类不是在统一标准下批量生产的物品，因而社会化思想下也允许个性化存在。

人与社会的关系属于个体心理学的基本内容，它可以应用到学校系统中，也可以应用到孩子心理问题的治疗中。学校要把孩子看作一个有完整的人格、有深入培养和发展价值的个体。同时，学校还应该学会从心理学角度去判断某些特定行为，就像单个音符只有在乐谱中才有意义一样，我们也需要在人格统一性的大前提下去研究那些特定行为。

第2章

# 孩子的优越感

## 孩子对优越感的渴望

除了人格的统一性，人类天性中另一个重要的心理现象是对优越感和成功的不懈追求，这与自卑感有直接关系，也就是说，没有自卑感就不会有任何改变现状的意愿。优越感和自卑感是同一心理现象的两个不同阶段，为了清楚地对这二者进行说明，我们分别来讨论优越感和自卑感。在本章中，我们主要讲述对优越感的追求及其教育意义。

关于追求优越感的第一个问题是，它是否和生物本能一样，是人类与生俱来的？这个可能性微乎其微。我们不能用“天生的”这个词来定义追求优越感，诚然，追求优越感必须在一定生物基础上才能形成，人类内心深处隐藏着追求优越感的萌芽，也许我们可以这样理解，人类本性中存在不断追求优越感的心理。

人的活动是有局限的，有些能力注定无法获得，比如，人类不具备狗的敏锐嗅觉，也不可能仅凭肉眼看到紫外线。但也有些能力可以继续深化，我们可以从能力的进一步发展中看到追求优越感的生物学根源，以及人格心理学的起源。

不管在何种情况下，孩子和成人都渴望获得肯定，这种渴望会一直存在，并且会随着情况的变化而进行适当调整。人类的本性不允许我们永久地屈服于他人，甚至我们会推翻自己信仰的神。堕落和不如他人的感觉、自卑和怀疑自己的心态，都推动着我们走向更高的层次，从而获得补偿，成为更完整的自己。

孩子的某些特殊性格是受环境影响的结果，某些外部环境让他们产生了自卑、软弱、不确定的感觉，这些感觉反过来又对孩子的整个精神世界产生刺激性影响。于是，他们的目标就变成了摆脱刺激和影响、达到更高层次和获得平等。奋力向上的欲望越强烈，孩子制定的目标就会越高，他们不断地寻找证据来证明自己的强大，而在人类的能力范围内并不能找到这些证据。这时，当孩子得到了一些外部方面的认可，他们会变得狂妄自大，甚至构筑一幅未来与上帝齐肩的画面。无论如何，孩子的这种想象体现了他们沉迷于成为神的意图。这种情况在内心非常脆弱的孩子中最常见。

接下来的案例是关于一位 14 岁男孩的故事，他的心理健康出现了问题。当我们让他描述对童年的印象时，他说，他清楚记得 6 岁那年，自己因为不会吹口哨而非常痛苦。然而，有一天，他刚走出家门，无意间就吹起了口哨，男孩喜出望外，觉得自己如有神助。在这个案例中，男孩既觉得自己有缺陷，又认为上天会帮他，两种感觉看似矛盾，实际上有着紧密联系。

对优越感的渴望与显著的性格特征存在一定关联。通过观察渴望优越感与显著的性格特征之间的联系，我们可以看到孩子的完整志向。想要证明自己优于他人的愿望如果过于强烈，就会心生嫉妒，这种类型的孩子习惯把竞争者假想成各种各样的恶魔，精神上的偏执会导致他们过于焦虑。而且，他们不只是想，还会付诸实践：伤害他人、制造麻烦，甚至实施犯罪。他们可能诽谤和诋毁他人、出卖国家机密，所有行为都是为了提升自身价值，特别是在他人关注之下时。他们认为不可能有人超越自己，所以，根本不屑于比较自己与他人的价值高低。当这类孩子对权力有强烈渴望时，他们会变得恶毒、睚眦必报，表现出好斗、挑衅的态度，这些可以从表情或行为上看出，比如，眨眼、突然生气、时刻准备与假想敌战斗。对于想要获得优越感的孩子来说，考试是非常痛苦的事情，因为考试结果很容易暴露他们的无能。

因此，我们有必要对考试进行适当调整，以适应想要获得优越感的孩子的特殊性格。考试对孩子来说有不同的意义，有的孩子把考试看作一种负担，参加考试时，他们会紧张得浑身颤抖，说不出话，面色发白，羞愧、恐惧等感觉让他们大脑空白、全身无力。有的孩子只能与其他人一起作答，否则就说不出来，因为他们总是担心自己被监视了。渴望优越感的心理也会在游戏中体现，对于强烈渴望获得优越感的孩子来说，他们永远不会接受别人扮演车夫而自己扮演马的角色安排，他们才是扮演车夫、带领“马群”的最佳人选。一旦过去的经验让他们无法扮演车夫角色，他们就会在游戏中扰乱他人，以此得到满足。如果继续遭遇各种挫折，他们就会丧失之前的远大志向，任何新情况的出现都会把他们带回原点，而不是激励他们向前。

## 孩子的竞争意识

有野心的孩子在受挫之前喜欢参加各种有竞争性的比赛、游戏等，但他们无法接受失败。面对失败，他们只会表现得惊慌失措。孩子渴望得到自我肯定，渴望的程度和方向可以从他们喜欢的游戏、故事、历史人物等方面推断出来。在成人的案例中，我们经常发现有人崇拜拿破仑，特别是对于有野心的人来说。自大狂通常喜欢白日做梦，这其实是强烈自卑感的一种表现。强烈自卑感会刺激失望的人们在梦中寻找安慰，沉醉在虚幻世界给予他们的感觉中。

我们发现，孩子追求优越感时，他们努力的方向各不相同，据此我们可以将孩子划分为特定的类型。这种划分无法做到绝对准确，因为存在的变量实在太多，这些变量主要由孩子的自信程度决定。有些孩子，他们自身的发展没有受到任何阻碍，会把对优越感的追求转化成实现自身价值。他们尊重师长，遵守纪律，向着正常的方向发展。但根据以往的经验来说，这样的例子不多。

还有一部分孩子，他们想要超越他人，在努力超越的过程中，变得性情多疑。这种努力常暗含一种夸大的野心，但它很容易被忽视，因为我们习惯于把野心视为一种美德，并鼓励孩子们拼搏努力。其实这是错误的，孩子的发展会因此而受影响。膨胀的野心让孩子时刻处于紧张状态，短期内或许可以承受，但随着紧张感的加重，孩子身上会逐渐表现出各种危险信号，比如，整日在家学习书本上的知识，拒绝参加其他任何活动。对于这类孩子而言，他们把考试成绩放在第一位，忽视其他方面的问题，身心得不到健康发展。所以，我们要对他们进行正确的引导。

以超越他人为目标来规划人生的行为不利于孩子正常成长。**我们必须告诉他们，生活不只有课业书本，他们应多多参与室外活动，与朋友一起玩耍，花些时间在自己的兴趣爱好上**。执着于超越他人的孩子虽然不是大多数，但也非常常见。

还有一种常见的现象就是同一个班的两个孩子存在竞争关系。如果近距离观察，会发现处处与他人竞争的孩子可能会形成不受欢迎的性格特征。他们容易羡慕和嫉妒其他同学，这样不利于他们形成独立、具有亲和力的人格。当同学取得进步时，他们对此十分排斥，甚至还会出现头痛、肚子痛等病症。当同学受到表扬时，他们会躲得远远的，而且也不会主动赞美其他同学。嫉妒的出现给了我们一个信号：野心过于强烈对孩子的正常发展有着不利的影响。

竞争意识较强的孩子与同学相处不融洽。不管在什么方面，他们都想占据领导位置，即使在游戏中也不愿意处于“低等地位”。因此，他们态度傲慢，不喜欢跟同学一起玩。每一次与同学接触对他们来说都是一种痛苦经历，越是如此，他们对自己地位的不安全感就越深。有着这种人格的孩子永远不会相信自己能够成功，他们没有安全感，坐立不安。对他们来说，外在他人的期望和内在自我的期望都是一种巨大的负担。

这类孩子尤其对家人的期望非常敏感。他们眼前总是出现超越所有人、成为“耀眼之光”的画面，所以，他们兴奋又紧张地完成每一项摆在面前的任务。所有人的希望都压在他们身上，他们感受着这种沉甸甸的重量，但仍然心甘情愿地负重前行。

如果人类能够找到绝对的真理、完美的方式，让孩子摆脱“凡事争第一”的心态，那就不会有孩子出现行为问题了。但是目前，并没有这样的办法，孩子的学习环境也不完美。所以，迫切想要成功的心态对于孩子来说是一件极其危险的事情，他们在面对困难时的心态与具有正常目标的孩子完全不同。我们所说的困难指的是无法避免的困难。部分原因是我们的教育方法并不适用于所有孩子，还有待完善，另一点就是夸大的野心打击了孩子的自信，让他们缺少克服困难的勇气。

怀有强烈野心的孩子非常看重最终结果，因为这代表着他人对自己的认可，如果没有得到认可他们就不会感到满意。实际上，困难出现时，保持心理平衡往往比拼力战胜这些困难更重要。但这类孩子并没有意识到自己的心理问题，他们只是觉得自己的生活里不能没有他人的崇拜。现实生活中也有不少人会有这样的心态，他们过于在意他人对自己的看法。

## 左利手孩子的困境

在自身价值这个问题上，保持心理平衡非常重要，先天残疾的孩子的案例可以很好地说明这一点。大多数人可能都不知道，很多孩子左脑比右脑发育得更好。在我们这个默认使用右手的社会中，习惯使用左手的孩子会遇到很多问题。我们有必要用某些特定的方法来判断一个孩子是习惯使用右手还是左手。大多数情况下，习惯使用左手的孩子在书写、阅读和绘画等方面都会遇到各种困难，而且他们的手很笨拙。我们可以通过观察孩子双手交叉的方式来判断他天生的惯用手。惯用左手的孩子在交叉双手时，左手大拇指在上、右手大拇指在下。这种方法简单，虽然不是完全正确，但可以帮助我们做初步判断。

在调查研究了相当数量惯用左手的孩子后，我们发现：社会普遍认为惯用左手的孩子笨拙或行为奇怪（对于惯用右手的孩子，大家就不会给予特别关注了）。想要了解惯用左手的孩子所处的困境，我们可以来看一件具体的事情。当人们在习惯了右行的交通规则后，来到左行的国家，如英国、阿根廷，在过马路时会很不习惯。习惯用左手的孩子如果身处其他成员都用右手的家庭里，面对的情况会更糟。他的左手习惯对于家人和自己来说都很不方便。在学习写字期间，他的进度会低于平均水平。在不了解他的真实情况前，老师因为他表现差而训斥、惩罚他，还要给他扣分。而这个孩子又不知道如何解释自己的状况，他自然而然地认为自己的某些方面不如其他同学。同时，他也会觉得自己行为受限，感到自卑、没有能力与其他同学竞争。在家里，他又会因为行动笨拙而受到训斥，家人的反应只会加重他的自卑感。

正常情况下，孩子不会把惯用左手给自己带来的困难看作最终的失败，但也确实有很多孩子在灰心丧气的氛围里放弃努力。他们不了解真实情况，也没有人告诉他们该如何克服这样的困难，所以，对他们来说，很难再继续努力奋斗了。很多惯用左手的人用右手写字时会很潦草，因为他们没有充分训练过自己的右手。我们其实可以克服这种障碍，许多著名的艺术家、画家、文字雕刻家都是惯用左手的人。但通过后期的训练，他们可以熟练自如地使用右手。

民间流传着一种迷信说法，惯用左手的人如果练习使用右手，他们就会变得口吃。而真实情况是，惯用左手的孩子在练习使用右手时，面对的困难巨大，有时他们会因此失去说话的勇气。这就是为什么有如此多惯用左手的人在受挫后表现出了其他缺陷，如精神不正常、自杀、犯罪、偏执等。但那些克服右手使用障碍的人很多都在实际生活中获得了非常高的成就，特别是在艺术领域。

就惯用左手这单一特征来看，它的研究意义不大，但我们能从中获取比较重要的信息：在孩子的勇气和毅力没有被完全激发出来的时候，我们不能对他们的能力进行断定。当我们用言语或行动增加了孩子的恐惧感，剥夺了他们对美好未来的希望时，我们可能依然认为他们还能负重前行。但如果我们换种方式，激发他们的信心和勇气，那他们可能会取得更多成就。

## 切实可行的目标

怀有强烈野心的孩子会面临各种问题，这是因为外界习惯用成功与否作为评价标准，而不以他们面对困难和与之战斗时的能力与心态来评价他们。在现有的文化环境下，我们更多关注的是可见的成功而不是深入人心的教育。没有付出就得来的成功并不是真正意义上的成功，所以，一味地训练孩子的野心对孩子的正常发展没有任何有利之处。我们要做的是激发他们的勇气、毅力和自信，让他们了解到不应为失败而灰心丧气，要把失败看作一个需要面对的新问题，要勇于挑战这个新问题。如果老师能够准确判断孩子是否在做无用功、是否付出了百分百努力，那问题就更容易解决了。

对优越感的追求可能会体现在孩子的某个性格特征上。有些孩子追求优越感的最初表现是争强好强，但他们又认为这种想法无法实现，因为其他孩子已经遥遥领先了。对于野心不足的孩子，很多老师都会态度严厉，以批评的方式激励他们制定更高、更远的目标。如果一个孩子还存有勇气和信心，那这种方式可能会成功。但一般情况下，我们不建议采用这种方式。对于已经处于边缘的孩子来说，如果采用严厉的激励方式，那他们就会彻底混乱，失去正常思考的能力。

另一方面，如果我们温柔对待孩子，给予他们足够的关心和理解，那他们可能会展现出意想不到的智慧和能力。在人性化的引导下，孩子会发生改变，能够控制野心，树立远大且符合实际的目标。这是因为他们害怕再回到原来状态。在以前的生活中，他们缺少成就感，脑海里只有数不尽的告诫和督促，迫使他们不断向前。在成年后的生活中，他们中的有些人好像着了魔一样，超负荷的工作让他们身心俱疲，但他们还是觉得自己不够努力。

## 教育者扮演的角色

个体心理学坚持认为人格具有统一性，每个人都会逐渐建立一种行为模式，人格会按照个体的行为模式表现出来。脱离人格来解释一个人的行为是片面的，因为每个行为都可以从不同方面解释。例如，当我们把拖沓这一行为，看作是孩子对学校任务的一种回应，那我们就可以对拖沓给予明确判断：他不想和学校扯上任何关系，因此也不想完成学校的要求，拖沓就是他的反抗方式。

从个体心理学角度出发，我们可以了解到“坏”孩子的总体情况。他对优越感的追求不是以学校接受的方式进行，而是以学校反对的方式表现出来，这就注定不会有好结果。孩子逐渐表现出一连串典型的行为症状，这些症状带来的影响日积月累，最后演变成屡教不改、停滞倒退的情况。他们成了学校的捣乱分子，爱搞恶作剧，引人大笑，扰乱秩序；也可能惹恼同伴；还有可能逃学、加入街头混混的行列。

我们不仅掌控着学龄孩子的命运，而且还影响着他们未来的发展。学校教育决定着个体的未来。因为学校是连接家庭生活和社会生活的桥梁，它可以纠正由家庭养育造成的错误的生活方式，同时，学校也承担着让孩子适应社会生活的责任，保证他们能随着社会合奏曲完美演奏自己的曲调。

纵观历史上学校角色的演变，会发现它总是根据当时的社会理想模式来塑造学生，根据时代和统治者的要求教育学生。如今，为了适应不断发展变化的社会理想模式，学校也必须相应地做出改变。如果在当今社会中，理想的人类是有自制力、勇敢的独立女性和男性，那学校就必须相应地调整教育方式，让学生向着理想的人类发展。

换句话说，学校并不是人生发展的终点，学校是为社会培养人才而不是为自身利益。有些孩子不想成为学校定义中的模范学生，但学校不能因此而忽视这个群体，他们并没有放弃对优越感的追求，而是把关注点转移到了其他不会带来过多压力的事情上，转移到了他们认为更容易成功的事情上，这能够更好地激发他们的成就感。之所以更容易成功可能是因为在童年早期，孩子曾无意识地经常重复这类活动。他们可能不是数学天才，但这并不影响他们成为优秀的运动员。教育者不应该忽视孩子在其他方面的重要成就，而应从孩子的特点出发，鼓励孩子提高自己在其他活动领域的能力。教育者应从孩子的某一特点入手激发他的自信，让他觉得自己在其他事情上也能获得一样的成功，引导他收获人生的果实，以达到事半功倍的效果。除了智力低下以外，所有孩子都有能力在学业上取得不错的成绩，但他们首先要克服人为障碍。学校评价一个学生是否优秀的标准是该学生的在校表现，与教育和社会的最终目标相比，这个评价标准比较抽象，孩子在学校遇到的障碍就源于学校的评价方式。从孩子自身来看，障碍源于他们缺少自信，对优越感的追求找不到适当的表现形式，逐渐偏离了对社会有益的方向。

在面对学校和个人障碍时，孩子会如何应对呢？他们选择了逃避。他们做出老师不喜欢但可以引起老师注意的怪异行为，或者表现出无礼、固执招来同学们的注视。这类孩子不断地在学校捣乱，但他们把自己看作英雄、小巨人。

学校好像是一个大的检验站，经过学校的检验，孩子不正常的心理表现形式和不恰当的行为举止都会逐渐显露出来。孩子的心理问题虽然在学校阶段出现，但这并不意味着全部源于学校。一方面，学校承担着教育和纠正错误的使命；另一方面，学校也会将家庭养育造成的缺陷表现出来。

一位优秀的老师通常具备较强的洞察力，通过观察孩子入学第一天的状态和表现，他可以了解到孩子身上的很多问题。很多孩子在新环境中很快会暴露出自己被溺爱的特征，因为他们难以接受新环境，面对新环境，他会觉得非常痛苦。这类孩子没有与人交往的经验，他们不会与他人相处。在孩子入学前，家长理应教给孩子一些与他人相处的技能，以便他更好地适应群体生活。比如，在学校，他不能因为有一位好朋友而忽略其他同学。学校生活虽然可以纠正家庭养育出现的问题，但没有问题的孩子进入学校后能更好地融入学校生活。

## 被溺爱和被压抑的孩子

在溺爱环境下成长的孩子专注力非常差，刚入学时不可能在学习上做到全神贯注。他们不愿意去学校，想留在家里，其实他们连对学校的概念都没有。我们很容易发现他们不愿意去学校的表现，比如，父母需要哄他们早起、不断地催促他做好上学的准备等。他们在前进的道路上搭建了一个无法逾越的屏障，自此开始原地踏步。

在解决娇生惯养的孩子和习惯用左手的孩子的相关问题时，可以采用相同的方法：给他们充足的时间去学习、接受。不要因为上学迟到而惩罚他们，惩罚只会加重他们在学校的不快乐。在孩子看来，惩罚是在告诉他们，他们不属于学校。当父母呵斥孩子，强迫孩子去学校时，他会更加反感上学，他们不会直面困难，而是找各种方法来改善自己的处境，比如逃避。孩子的每一个手势、每一个动作都表现出了自己对学校的反感和对学校相关问题的置之不理。他的课本总是带不齐，不是忘了就是丢了。当孩子有忘记和丢课本的习惯时，我们可以肯定他不喜欢学校。

在观察、了解娇生惯养的孩子后，我们发现他们根本不相信自己可以在学校取得任何成功。这种自我轻视源于各方面的因素，不全是他们自身的问题。在家里，父母生气时脱口而出的辱骂以及对他们未来的否定，这些话语深深印在他们脑海中。他们在学校的某些经历又加深了父母的负面评价。此时，孩子的判断力还未发展成熟，无法对自己的问题进行全面分析（他们的长辈同样缺少这种能力），无法正确认识自己。因此，他们早早放弃了战斗，连尝试都不想，他们把失败结果看作无法跨越的障碍，并将此看作是自己的无能或自卑。

大部分娇生惯养的孩子面对的情况是，错误一旦犯下，结果就很难改变，他们在奋力向前，却始终落于人后，于是决定放弃，开始编造借口远离学校。逃学是最危险的表现之一，通常被视为最严重的错误行为之一，惩罚也最重。为了躲避惩罚，他们编造借口、欺骗老师和父母，他们意识不到自己的错误行为，反倒觉得自己是被逼无奈。他们会伪造请假条和成绩单，向父母编造各种关于在校表现的谎言，而其实根本没有去学校。不去学校的日子就找一个地方躲起来，他们在“藏身之地”遇到很多同样情形的孩子。逃学使他们对优越感的追求得不到满足，这驱使他们采取进一步行动，也就是犯罪。他们一步一步走向深渊，最终沦为阶下囚。他们成立小帮派、偷盗财物、模仿性变态，他们觉得自己已经长大成人了。

错误的一步已经迈出，他们开始为自己的目标寻求更多的刺激。之前的所作所为没有被发现，这让他们有些得意忘形，觉得自己可以干大事。这就是为什么有那么多的孩子不愿意放弃犯罪的道路，他们觉得自己在别的道路上得不到成功，在犯罪这条路上的小小收获驱使着他们走向深渊。他们拒绝一切能够引导他们参与有益活动的事情，在制定个人目标过程中不断地受到同伴行为的影响，出现新的自私行为或反社会行为。有犯罪倾向的孩子有一个共同点就是他们极其自以为是。这种自以为是和远大志向可以追溯到相同的根源，自以为是的孩子会一直以某种手段将自己与他人区别开来。当他们无法在有益社会的群体中站稳脚时，他们就会转向破坏社会的一方。

曾有一个案例，一个男孩杀害了自己的老师。仔细研读案例后，我们可以找出男孩的全部性格特征。男孩在家庭女教师的引导下成长。家庭女教师认为自己十分了解孩子心理的各种表现形式和各项功能，对男孩的培育细致入微但又过于小心。男孩的目标经历了过山车式的变化，从不切实际的高度跌至谷底，他就像泄了气的气球一样，对自己失去了信心。日常生活和学校生活无法满足他的期望，于是他转向了犯罪。在犯罪行为中，他摆脱了老师和教育专家的管束，此时的社会还没有一种制度可以将犯罪（特别是青少年罪犯的犯罪行为）定性为需要进行心理纠正的教育问题。

我们发现一个奇怪的现象：在教师、牧师、医生和律师家庭中成长的孩子更容易情绪反复无常，他们的成长环境有一个共同点——父母都有一定的教育专业背景。与普通家庭相比，他们的子女出现心理健康问题的概率都较大。他们虽然有教育相关知识，却无法管教好自己的子女。原因可以归结为，在这类家庭中，父母彻底忽视了某些重要的教育理念，或者根本就没有理解。例如，身为教育者的父母，他们自认为有专业的教育知识，在子女教育问题上有权威性，他们会把严格的规章制度强加在子女身上。他们严厉地压制着孩子，威胁甚至是剥夺了孩子的独立自主权。父母的行为激起了孩子的反抗情绪，他们想报复父母对自己的压制。我们都知道，在严谨的教育理念的指导下，我们会有敏锐的洞察力。在大多数情况下，这是一种优势，但用在孩子身上，经常会导致孩子迫切渴望成为众人关注的焦点。他们认为自己只负责展示，其他人来负责决定，并扫除所有困难，免除他们身上的一切负担。

第3章

# 培养孩子的社会情感

## 追求优越感的正确方向

每个孩子都有对优越感的追求。教育者应该对追求优越感进行适当引导，确保孩子的努力都能结出丰硕的果实。我们要让孩子看到自己的努力带来的是健康的心理和幸福的生活，而不是精神过度焦虑和紊乱。

那该如何正确引导孩子追求优越感呢？如何区分追求优越感的有用表现形式和无用表现形式？区分的标准就是是否有益于社会。任何人实现的任何成就、做出的任何努力都与社会密切相关。回看那些高尚、伟大又意义非凡的功绩，不难发现这些功绩不仅对实施者有极大价值，对社会来说也是一种贡献。因此，我们要合理规划孩子教育，培养他们的社会情感、社会责任感。

不具有社会情感的孩子终会成为问题孩子。他们本质不坏，只不过他们对优越感的追求最终无益于社会。

关于什么样的行为是有益于社会的，不同人持有不同的意见。但有一点是肯定的，就像我们可以通过果实来判断树的好坏，我们可以通过一个行为的结果来判断行为本身是否有益于社会。也就是说，在判断时必须考虑行为过程的时间和产生的效果。行为需要符合现实逻辑，这是行为的价值标准。不管行为是与价值标准相符还是相悖，结果总归要为人们所知。幸运的是，在日常生活中，很难遇到需要较高判断力才能解决的复杂情况。对于社会运动、政治趋势等事件带来的影响我们无法预见，所以还有深入讨论的空间。然而，不管是在社会生活还是个人生活中，事件造成的影响最终会表明某些特定行为是否有益。从科学角度看，除了绝对的真理和解决人生问题的正确方法以外，其他任何事情都不会对所有人都有益。人生问题受地球、宇宙和人类关系的内在逻辑等的限制，它就像数学奥秘一样有着自己的答案，只不过我们还没有能力去找到那些答案。我们唯一能做的是利用相关的数据检验答案的正确性。但遗憾的是，有些问题需要等很长时间才有机会检验答案，这就意味着我们可能没有时间去纠正错误。

那些无法用客观的、符合逻辑的角度审视自己的人生结构的人，无法看到自己行为模式中的一致性和连续性。当问题出现时，他们惊恐万分，但首先想到的不是解决问题，而是对自己走错了方向、遇到了问题而自怨自艾。对于孩子而言，他们不了解问题的重要性，所以，当他们走向通往无用功的道路时，无法从经历中获取有益的经验。因此，我们有必要教会孩子，

**把自己的人生看作一部故事集，故事与故事之间并非毫无关联，而是由一条主线串联起来。没有任何一个故事可以脱离人生的大背景，它只能根据以往发生的事情来解释。**如果孩子能够了解这一点，那他们也能知道自己为什么走向了错误的道路。

## 孩子为什么懒惰

在进一步讨论追求优越感的正确方向和错误方向的区别之前，我们先来看一些违反了一般理论的常见行为问题。首先要讨论的行为问题是懒惰。从字面上看，懒惰似乎与孩子天生追求优越感的观点相矛盾。在实际情况中，一个孩子不追求优越感、没有人生目标时，大人就会责骂他太懒，但如果近距离去审视这个懒惰的孩子，我们就会发现社会对懒惰的孩子有误解。懒惰的孩子其实有一定的优势，他们不必担负他人对自己的过高期望；他们不被要求实现什么伟大的成就；他们不必奋斗，每天过着漫无目的的生活。因为懒惰，父母每时每刻都要监督他，他反倒成了家人关注的中心。太多的孩子愿意付出任何代价来换取那个最引人注目的位置，所以，我们就能理解为什么一部分孩子偶然发现懒惰能让自己受到关注后就一发不可收拾。

但从心理学角度看，获得他人关注不是孩子懒惰的全部原因。还有一部分孩子用懒惰来缓解自己的处境，懒惰成了他们能力不足、碌碌无为的借口。我们很少听到有人指责他们能力不足，相反，家人总会说“这孩子要是勤快点，什么事都能做成了”。久而久之，他们也觉得自己如果改了懒惰的缺点就无所不能了。这种想法对缺乏自信的孩子来说是一种心理安慰。同时，对于孩子和成人来说，把懒惰作为借口可以缓解失败感。“如果我改掉了懒惰的缺点，还有什么是我不能完成的？”这种说辞给孩子造成了“我可以成功”的错觉，这对缺乏自信的他们来说是一种安慰。一旦他们真的成功完成什么事后，即使是很小的事情，在他们看来也会具有重要意义。这个小小的成功与他们以往一事无成的形象形成反差，他们因此受到了表扬，而一直埋头努力的孩子虽然也取得了进步，但却容易被周围人忽视。

懒惰里其实隐藏着很多我们不了解的学问。懒惰的孩子好像在走钢丝，底下有防护网保护他们，即使真的摔下去，他们也不会严重受伤。我们在批评懒惰的孩子时不会像批评其他孩子那样严厉，不会严重到伤害他们的自尊心。**评价一个孩子懒比评价他能力不足的伤害要小得多。简而言之，懒惰就像一个屏障，隐藏了孩子的自卑，阻止了他们为解决问题做出努力。**

如果我们深入当前的教育方式，不难看出它其实满足了懒惰孩子的期待。我们越多地责骂懒惰的孩子，他们就离自己的目标越近。因为我们把更多的时间和精力放在了他们身上，责骂反倒转移了他们对自身能力问题的关注，从而满足了他们受人关注的意愿。惩罚也能产生同样的效果。老师如果认为自己能够通过惩罚的方式消除一个孩子的惰性，那他一定要失望了。即使是最严厉的惩罚，也不能把懒惰的孩子变成勤奋的孩子。

如果一个懒惰的孩子真的发生了变化，那也是由环境中某个因素的改变所引起的，比如他意外获得了成功。更换老师也可能改变孩子的懒惰，以前的老师很严厉，现在换成了温柔的老师，这位温柔的老师能充分理解他，真诚地与他沟通，增加他的信心，不打击他仅有的那点儿自信。在这样的情况下，懒惰的孩子会突然变得积极起来。所以，很多入学第一年的孩子在学校表现得落后、不积极，但他们转到新学校，换了新环境后，有可能突然变得勤奋、积极向上。

有些孩子假装生病来逃避学业任务。有些孩子异常地喜欢考试，因为他们知道自己的紧张状态会得到大人的同情。经常哭的孩子也会表现出同样的心理倾向，哭和精神紧张都是博取特殊待遇的方式。

## 孩子为什么口吃

还有一类孩子需要特别关注，与懒惰类型相同，不过他们是有某些身体缺陷，比如口吃。一般有幼儿养育经验的人都知道，幼儿刚开口说话时会稍有口吃。孩子语言能力发展的快慢受很多因素的影响，但最主要的还是取决于社会情感程度。与性格孤僻的孩子相比，渴望社交、想要与人交流的孩子语言学习速度更快。但在有些情况下，孩子说话似乎变成了一项多余的活动，比如，在家人的过度保护和溺爱下成长的孩子，在他表达出自己想法之前，家人就已经满足他的要求了（聋哑孩子的特殊情况除外）。

如果孩子在四五岁时还没有学会说话，家长会担心他们是不是聋哑人。经过仔细观察，家长发现孩子听力没有问题，排除了聋哑的情况。继而，家长又留意到，孩子在家里根本没有表达自己想法的机会，所有事情在孩子说出之前就已经完成。他们没有表达的冲动，因此语言学习变得缓慢。说话是孩子追求优越感的表现，同时也反映了孩子追求优越感的发展方向。不管是愉悦父母还是满足自己的需求，这种表达都是正常的语言发展过程，否则，孩子的语言发展可能就出现了问题。

有些孩子还可能存在发音不准等语言障碍，比如他们在说特定字时会说不清楚，我们可以纠正这类语言障碍。但还是有很多孩子成年后仍然口吃、口齿不清、表达含糊。

大多数孩子在成长过程中，口吃都会逐渐消失，少数孩子需要特殊治疗。关于治疗过程中涉及的内容，我们用一个 13 岁男孩的案例来进行说明。在男孩 6 岁时，医生介入治疗，治疗持续了一年，但并不成功。中断一年后，另一位医生再次介入，一年后治疗仍没有效果。第 4 年治疗由此停滞。第 5 年的前两个月，一位语言矫正医生接手了男孩的病例，男孩非但没有好转，情况反倒更严重了。他又来到了一个专门针对语言缺陷的机构进行治疗，治疗持续了两个月，很成功，但 6 个月后，口吃开始反复。

接下来的 8 个月，他又换了一位语言矫正医生进行治疗。8 个月里，男孩没有任何好转，情况越来越严重。另一位医生也尝试了治疗，结果依旧是失败。第二年夏天，他的语言能力有所提高，但假期结束后，他又回到了原点。

大多数的治疗方案都包括大声朗读、放慢说话速度等。有些刺激只能暂时改善他的问题，过一段时间后，病情又开始反复。男孩没有身体上的缺陷，除了幼儿期曾从二层楼上摔下来，造成了脑震荡。

有一位老师教了他一年，对他的评价是“这个孩子有教养、勤奋，容易脸红，偶尔也会表现出急躁”“最不擅长法语和地理”。在考试期间，他表现得尤其亢奋。老师又提到他的兴趣爱好是体育运动和手工类课程。男孩没有表现出任何领导特质，与同学相处融洽，偶尔与弟弟发生争吵。他习惯使用左手，一年前右半边脸曾患面瘫。

在家庭环境方面，他的爸爸是一位商人，脾气暴躁，经常在儿子说话结巴时痛斥他。尽管爸爸很严厉，但他还是更害怕妈妈。父母为他请了一位家庭教师，因此他几乎没有时间出去玩，也很少有自由的日子。他觉得妈妈很不公平，她偏爱弟弟。

根据掌握的这些信息，我们认为，男孩容易脸红意味着他与人交往时非常紧张，口吃也是因为如此。他喜欢的老师也没能帮助他改变口吃的习惯，那说明口吃已经融入他的反应机制，是讨厌他人的一种表现。

**口吃的动机不在于外部环境，而在于口吃者对外部环境的反应**。从心理学角度讲，男孩的易怒具有非常重要的意义。他不是一个被动的孩子，那说明他对认可和优越感的追求体现在了易怒上，其他性格软弱的孩子也会如此。另一个体现他不自信的表现是他只与弟弟吵架。考试之前的亢奋说明他精神紧张，紧张是因为担心自己成绩差、不如其他同学。他深深地感到自卑，强烈的自卑感让他对优越感的追求偏离了正确方向。

家里的情况比学校还要糟糕，所以，他更愿意去学校。在家里，弟弟是家人关注的中心。脑震荡或从楼上摔下来时受到的惊吓并不是导致他口吃的根本原因，但肯定伤害到了他的勇气。弟弟的到来让他在家里受到了孤立，这对他的影响更大。

还有一个重要现象是男孩在 8 岁时还尿床。尿床最常见于刚开始受到溺爱、后来又被冷落的孩子，尿床是他在晚上博取妈妈关注的表现，他无法接受自己被孤零零地留下。

如果能教会他独立，树立他的信心，就可以治愈他口吃的病症。可以选择一些他能力范围内的任务交给他，完成任务后的成就感可以提高他的自信。男孩承认他不欢迎弟弟的到来，那就应该让他知道嫉妒心如何让他一步一步地走错。

关于口吃，还有很多内容需要了解。我们想要知道在精神亢奋状态下，口吃者的大脑是如何运作的。很多口吃的人在生气骂人的时候一点也不结巴。年长一些的口吃者在背诵时或恋爱时说话也非常流利。这些现象说明了口吃的决定性因素在于他们与他人的关系。决定性时刻是与他人发生冲突时、必须与他人建立关系而紧张时以及说出自己想法时。

当孩子能够正常学习说话时，没有人会在意他语言能力发展的快慢；但当他表现出说话障碍时，家里所有的话题都围绕于此，他也就成了关注的中心。从此家庭的重心全部放在了帮助孩子克服说话障碍上，身处这样的紧张氛围里，孩子自然也十分关注自己是否能正常说话。他开始有意地控制自己的表达方式。但正常情况下，孩子在表达时不会刻意控制自己的说话方式。我们都知道人体各项功能是自然运行，刻意控制某项功能只能起到限制作用，影响它的正常运行。梅林克的童话故事《逃遁的蟾蜍》很好地说明了这一点。蟾蜍遇到了长有 1000 条腿的千足虫，赞叹不已。蟾蜍觉得这只神奇的动物一定很有本事。蟾蜍问道：“这 1000 条腿里，你先迈哪条腿呢？剩下的 999

条腿怎么动呢？”千足虫不禁陷入了思索，开始留意自己的腿是怎么向前爬的，可它怎么也弄不明白，不仅如此，在它有意控制自己腿的过程中，千足虫连爬也不会了。

**在我们的生命发展中，练习有意识的自我控制是一项非常重要的事情，但想要控制每一个单独动作对我们来说有害无益。人类之所以能够创作出艺术作品，是因为我们可以自然做出创作这些作品的肢体动作。**

口吃会严重影响孩子未来的发展，在其成长过程中也会带来诸多不利因素，尽管家长会给予同情和特别的关心，但口吃的孩子还是要面对很多问题。尽管如此，还是有很多人在找借口逃避，而不是选择改变现状。这些逃兵里既有父母也有孩子，他们都对未来失去了信心。孩子满足于依靠他人，习惯了利用他人的同情获得特殊待遇，将看似弱势的地位转变为优势地位。

## 如何将弱势转化为优势

巴尔扎克的一个故事告诉我们，明显处于弱势地位的人经常会把这种弱势转换为优势。他讲述的是关于两个商人进行交易谈判的故事。在他们讨价还价时，有一个人说话开始结巴。另外一个人很惊讶地注意到，口吃者因为说话结巴反倒为自己争取了足够的思考时间，可以充分表达自己的想法。他快速寻找对策，决定用装聋对付对方。口吃者为了让对方听到自己说话，不得不限制自己说话的内容、方式等，因此逐渐转为劣势。他们二人之间又重新建立了平等地位。

我们在对待口吃者时不应该像对待犯人那样，虽然口吃者有时会利用口吃来为自己争取时间。对待口吃的孩子时，我们应该采用鼓励和温柔的方式。只有通过友好善意的开导，逐渐增加孩子的信心，我们才能成功治愈孩子的口吃。

第4章

# 孩子的自卑感

## 自卑感带来的不良行为

自卑感和追求优越感会同时存在于一个人身上。人们因为自卑感，而努力追求优越感，希望通过成功获得优越感来克服自卑感。在自卑感没有成为心理问题时，它对人的影响并不大，但当追求优越感的机制受到阻碍，或因身体缺陷而造成严重自卑时，就会形成自卑情结。自卑情结是一种不正常的自卑感。具有自卑情结的人渴望能轻松获得补偿，追逐一种似是而非的满足，他们放大眼前障碍的同时消减了自己面对困难的信心，自卑情结阻碍了他们的成功。

我们回顾一下 13 岁口吃男孩的案例。灰心、沮丧的情绪在一定程度上造成了他的口吃，口吃反过来又加重了这种情绪，由此形成了神经性自卑情结的恶性循环。男孩想要把自己隐藏起来，他已经放弃了希望，甚至想到过自杀。但另一方面，口吃已经成了男孩的一种生活模式。在他的生活环境中，周围人都会留意到他的口吃，他也因此成了大家关注的中心，这在一定程度上缓解了他心理上的不适感。

男孩为自己制定了过高的错误目标：有所成就，成为世界上的大人物。他努力让自己树立起好的形象——性格温厚善良、人缘好、做事井井有条。除此之外，他还要为自己的失败找好借口，而口吃就是他的借口。男孩的案例非常具有研究意义。他的人生方向大体是积极向上的，只在一个环节，他出现了判断错误和信心受挫的情况。

对于信心受挫的孩子来说，当他们认为凭自己的能力无法取得成功时，他们会拿口吃当作挡箭牌，而且口吃只是他们众多武器中的一个。这些武器就好像动物在大自然中保护自己时所使用的武器——尖角利爪。不难看出为什么有些孩子会拿自己的缺点当作武器，如果没有它们，孩子应对生活中的困难时会非常绝望。有很多我们意想不到的事情都可以用来当作武器，有些孩子把随意大小便当武器，不能控制大小便意味着他们拒绝长大，想一直停留在婴幼儿期，继续过无忧无虑的生活。大多数不能控制大小便的情况都不是因为肠、膀胱等身体器官存在缺陷，他们只是想通过这些小花招博取父母、老师的同情，有时这些小花招也会引起同伴的嘲笑。所以，我们不能把孩子的这些表现当作疾病，它们只是自卑情结的表现形式，或者是追求优越感的表现形式。

我们可以设想一下男孩的口吃是如何形成的，可能就是因为一个非常小的生理因素。很长一段时间里，男孩都是父母唯一的孩子，妈妈把全部精力倾注在了他的身上。随着他逐渐长大，男孩开始觉得自己得到的关心太少，于是男孩又发明了新的花招来吸引注意力。男孩留意到自己与他人交谈时对方总是盯着自己的嘴，这项“意外收获”让他的口吃具有了更大的意义。父母无法同时照顾到他和弟弟，口吃则让他争取到了父母更多的陪伴和关注。

在学校同样如此。他发现有一位老师在他身上倾注了更多时间。因为口吃，他在家里和学校同时获得了优越地位。他能与优秀学生一样得到关注，这正是他所渴望得到的。当然他也很优秀，但因为口吃，事情到他那里就会变得容易得多。

因为男孩有口吃，所以老师对他较为宽容，但我们并不认可这种方式。当男孩没有获得他认为自己应有的关注时，他受到的打击远比其他孩子受到的打击严重。随着弟弟的到来，获得关注就成了一个非常痛苦的话题。与正常孩子不同，男孩对其他人根本不感兴趣：他让妈妈成了家庭环境中最重要的人，而把其他人拒之门外。

## 胆小懦弱的孩子

在治疗这类孩子时，我们首先要提高他们的自信心，让他们相信自己的优势和能力。严厉的方式只会让他们感到恐惧，我们要带着同情心与他们建立友好关系，这一点非常重要但又不足以彻底改变他们。我们要在这友好关系中鼓励他们不断取得进步。要做到这一点，就得培养孩子的独立性，利用不同的手段，让他们对自己的脑力和体力有十足的信心。我们必须让他们相信，只要他们有信心，勤奋练习，永不言弃，就一定可以达成自己的目标。

**于父母和老师而言，在教育孩子的过程中，最严重的错误就是预判一个孩子没有未来。他不过是暂时迷失了方向。不负责任的预言会让孩子变得更加懦弱，从而使情况不断恶化。**我们要做的其实很简单，就是鼓励孩子积极乐观。正如维吉尔所说，“他们能做到是因为他们相信自己能做到”。

有些孩子可能会因害怕被人嘲笑而改变自己的行为，但我们要知道，羞辱或打击的方式并不能从深处影响孩子，也无法真正改变他们的行为。接下来的案例就告诉我们嘲笑对于孩子来说只能起到负面作用。有一个男孩不会游泳，为此朋友经常取笑他。终于，男孩无法再忍受朋友的嘲笑了，他从跳板上一跃而下，跳进了深水里。后来经过全力抢救他才苏醒。这就好像是一个胆小鬼丢了颜面，用一些极端行为掩饰自己的胆小一样，但这往往是不正确的。从这个例子中我们可以看出，不恰当的行为是一种懦弱且毫无意义的方式。男孩害怕承认自己不会游泳，因为这可能让他失去在朋友中的地位。他不敢面对自己不会游泳的现实，于是选择用跳进深水来掩饰自己内心的恐惧，这种行为不仅不会改变他胆小的性格，反而强调了他的懦弱。

懦弱会破坏我们的人际关系。如果孩子过于担心自己，不考虑他人，那他们就会选择牺牲他人来保护自己的尊严。伴随着懦弱的是利己主义和争强好胜，三者结合到一起会破坏一个人的社会情感，而且也无法改变他们过度在乎他人看法的性格。懦弱的人害怕受到他人的嘲笑，害怕被忽视或被看不起。因此，他们总是受他人的意见左右。他们就像与周围的人生活在相互敌对的国家里，形成了怀疑、嫉妒和自私的性格。

胆小懦弱的孩子成年后会变得挑剔、计较、不愿称赞他人，当他人受到称赞时他们又会表现出嫉妒。一个人想要用贬低他人的方式而不是靠自己的成就超越他人，这就是软弱的表现。你如果捕捉到了一些症状表明孩子对他人怀有敌意，那就应该采用一定的教育方式帮助他们摆脱这种敌意。怀有敌意的心态会引发一些不良的性格特征，当然，在没有意识到自己有这样的心态时，他们可以被原谅，但他们永远不知道该如何改变不受欢迎的性格。**正确的做法是让懦弱的孩子适应世界、适应生活，让他们认识到自己的错误，明白不做出努力就无法树立良好形象。只有知道问题所在，我们才能目的明确地引导他们。我们要加强孩子间的友谊，教导孩子不要因为他人成绩较**

**差或做错了事情就轻视对方。否则，对方的信心可能会受到打击，逐渐生成自卑情结。**

如果一个孩子被剥夺了对未来的信念，那他会选择逃避现实，向着消极无益的方向追求优越感以获得补偿。教育者最重要的任务、最神圣的职责是保护孩子的自信心，让失去信心的孩子在学校的帮助下重新建立自信。这项职责与教育者的职业息息相关，教育能够顺利进行的前提就是孩子对未来充满希望。

有一类孩子的信心不足是暂时的，即那些怀有过度野心的孩子。这类孩子虽然一直在进步，但他们在面对最终的职业选择时会突然失去奋斗的希望；有时考试成绩不理想，他们也会暂时放弃努力。这种矛盾心理潜伏在孩子的意识里，在某种刺激下会突然爆发，其表现就是孩子陷入迷茫或焦虑。如果没有得到及时调节，那他们就会养成半途而废的习惯。成年后，他们不再对事情的结局抱有任何希望，总是害怕失败，具体表现为频繁地更换工作。

## 孩子的自我评价

孩子的自我评价有非常重要的意义，但是通过简单的问答我们很难发现他们对自己的真实评价。不管如何精心策划这些问题，我们得到的还是模糊的答案。有一些孩子可能会自我感觉良好，有一些孩子则认为自己一无是处。对后者情况进行深入调查后，我们发现，在他们生活、学习的环境中，他们总能听到大人说，“你真是一无是处”或者“你真是太笨了”。

很少有孩子能够经受住这样严厉的斥责而不受伤，有的孩子会因此低估自己的能力，以此来保护、隐藏他们的自尊心。

如果不能通过问答得知孩子对自己的评价，那我们可以观察他们解决问题的方式是自信、果断还是犹豫不决。信心不足的孩子常采用犹豫不决的方式解决问题。我们还是用一个案例来进行解释说明。案例中的孩子，刚开始的时候勇往直前，在即将实现目标的时候，他反倒有些犹豫、放慢了速度，在尝试完成任务之前，他彻底放弃了。我们可能会认为这些孩子懒惰或心不在焉。虽然二者说法不同，但本质都是一样的。他们处理各项任务的方式与正常人不同，他们总是有各种各样的困难。他们有时会成功蒙骗过家长和老师，让这些人相信他们是因为能力不足才无法完成各项任务。当我们纵观全局，用个体心理学来解释的时候，才发现这类孩子的最大问题是缺乏自信——他们低估了自己的能力。

## 如何发现孩子的自卑表现

如果一个人追求优越感的方向发生了偏差，他很可能成为一个完全以自我为中心的人，这样的人很难为社会所接受。孩子以错误方式追求优越感时，几乎不会考虑他人的感受。他们态度恶劣、贪婪、自私，甚至会违法犯罪。一旦发现了某个秘密，就会利用它去伤害相关的人。

然而即使在那些行为非常恶劣的孩子身上，也有一个共同的人性特征：拥有群体归属感。虽然他们的人生计划是远离合作，我们也很难找到他们的社会情感，但他们的自我与周围世界的联系还是会以某种方式表达出来。我们必须找出那些能够揭示他们自卑感的表现形式，自卑感的表现形式有无数种，眼神就是其中一种。眼睛不只是接收、反射光线的器官，也是我们进行社会交流的心灵之窗。我们从一个人的眼神中就可以看出他与对方的亲密程度，这就是为什么心理学家和作家都非常看重一个人的眼神。我们可以通过一个人看我们的方式来判断他对我们的看法，也能从他的眼神中了解他的精神世界。通过眼神可以判断一个孩子是否是一个友善的人，虽然这种方式不完全准确，却是相对容易的。

不敢直视大人的孩子会引起人们的怀疑，但这并不是说他们一定有不良想法。眼神躲闪可能是单纯地不想和他人建立联系，但不管躲闪有多短暂，都能说明一定问题：他不想融入同伴群体中。当你喊一个孩子时，他停下的位置也能说明问题。有些孩子会与你保持一定距离，了解你喊他的原因后才在必要时走近。这可能是因为他们有过不愉快的经历，并据此总结了一些片面的经验，根据这些所谓的经验，他们把近距离接触他人看作一件危险的事情。观察孩子是更依赖妈妈还是老师也是一件很有趣的事情。无论孩子嘴上说依赖谁，他从肢体上更愿意亲近的人，才是他们心中最重要的人。

有些孩子自信、勇敢，从他们昂首挺胸的走路方式、洪亮的声音、毫不怯场的态度就能看出。有些则一说话就像泄了气的气球，自卑感和不相信自己能应对某些情况的恐惧感显露无遗。

## 自卑感是如何形成的

在研究自卑情结时，我们发现很多人认为自卑情结是先天的。其实，不管多勇敢自信的孩子，在人为干预下都可能产生恐惧感，这足以证明自卑情结并非天生。父母性格腼腆胆小，孩子的性格也可能腼腆胆小，但这不是因为遗传，而是他一直在焦虑、害怕的环境中成长。**家庭环境、父母的性格特征对于孩子的成长来说是两个最重要的影响因素**。在学校里独来独往的孩子，他们的家庭大多数也是与外界很少有甚至是没有联系。看到这里很多人不禁又开始怀疑独来独往的性格特征是不是可以遗传，我们要知道这已经是被否定的理论了。器官或大脑的物理变化并不能让我们失去与他人建立联系的能力。各种事件虽然不能迫使人们产生不与人交往的态度，但结合这些事件我们可以理解为什么会有人出现这样的性格。

让我们来看一个最简单的案例，帮助我们从理论上理解为什么有些性格特征不是遗传的。案例中的孩子出生时就器官衰弱，很长一段时间都在生病，因为痛苦和虚弱，他的生活非常压抑。患过器官衰弱的孩子经常沉溺在自己的世界中，外边的世界对他们来说困难重重、遥不可及。除了身体原因，在案例中，还有第二个因素影响孩子的健康发展。虚弱的孩子必须找到一个能在生活中给予他安慰和支持的人，并且全身心地爱护他，但这种投入和保护又会让孩子形成一种强烈的自卑感。孩子与成人间身高和力量的差异让孩子形成了一种相对的自卑感，经常有人对孩子说“大人讲话，小孩别插嘴”，这样的做法会加重他们“不如大人”的感觉。

所有这些表现都加重了孩子对自己处于劣势地位的认知。他觉得自己不如他人高大、强壮，他没有办法接受这种意识。矮小、软弱的描述深深刺痛着他，他会更加努力地让自己变得强大起来。想要变得更加强大的想法同时刺激着他对获得认可的渴望。但他并没有为此规划自己的生活以追上周围人的生活步调，而是重新制定了自己的人生格言“只考虑自己”。这个类型的孩子会封闭自我，独来独往。

大多数软弱、残疾和外貌丑陋的孩子都有强烈的自卑感，而且会有两种极端的表现形式。当有人跟他们说话时，他们或是胆怯逃避，或是争强好胜。胆怯逃避和争强好胜是两种完全没有联系的行为，但却可能由相同的原因引起。在努力获得认可的过程中，有强烈自卑感的孩子有时话多、有时话少，心理状态暴露无遗。他们的社会情感薄弱，要么是因为他们对生活没有任何期待，认为自己做不出什么贡献；要么是因为他们把社会情感转化为了利己主义，他们想要成为领导者和英雄，时刻带着主角光环。

## 如何帮助孩子解决行为问题

如果孩子几年来都向着错误的方向努力，那单凭一次沟通很难改变已有的模式，所以作为教育者，我们要有足够的耐心。如果孩子努力想要改变自己，但出现停滞不前或倒退的情况时，我们有必要进行安慰：“进步不是一朝一夕就能实现的。”安慰可以让他们平静下来，保持信心。例如，有个孩子两年多来数学成绩一直较差，他不可能在两周内就把成绩提高上来，但经过长期的努力，他可以做到。一个勇敢、自信的孩子，他有能力改善自己的不足之处。我们一次又一次地认识到，能力不足是由个人发展问题造成的，是由人格形成过程出现了错误造成的。除了天生的智力低下，我们可以帮助孩子解决任何行为问题。

能力不足或看似愚蠢、笨拙、冷漠的性格特点不足以证明孩子智力低下。对于智力低下的孩子，我们能从身体上看出他们的大脑发育异常。体内腺体影响大脑发育，可能会造成身体缺陷。身体缺陷有时会随着孩子的成长逐渐消失，留下的只是原来身体缺陷引发的心理问题。也就是说，一个孩子因为器官问题而身体虚弱，即使随着成长，他的身体逐渐强壮起来，他也可能会一直表现得很柔弱。

我们还可以进行更深入的探讨。心理上的自卑感和以自我为中心的态度可能源于早期的器官缺陷和身体虚弱，但也可能源于其他与器官缺陷无关的情况。可能是因为营养不良或成长在比较严厉、缺乏关爱的环境里。在这些情况下，孩子生活痛苦，对成长环境心生厌恶，由此造成的心理问题与器官缺陷造成的心理问题不能说完全一致，但是比较相似。

在治疗成长在缺爱环境里的孩子时，我们面临的困难比较大。这些孩子认为我们与其他伤害他们的人一样。任何鼓励他们上学的表现都是压迫，他们感觉自己被剥夺了自由，总想在自己能力范围内进行反抗。他们嫉妒童年过得比他们快乐的孩子，所以，总是带着偏见看待自己的同伴。

大多数心怀怨恨的孩子都喜欢破坏他人的生活。他们没有足够的勇气和信心来改变生活环境，反而会通过欺负弱小或假装友好来获得优越感以补偿自己无法掌控一切的感觉。只要对方允许他们控制自己，他们的友好就会一直存在，否则就会戛然而止。有些孩子只与境况不如自己的人交朋友，比如偏爱那些比自己年幼、贫穷的人，这就好像有些成年人特别喜欢弱者一样。这种类型的男孩有时会喜欢特别温柔和逆来顺受的女孩，但不是出于异性吸引，而是因为自卑感。

第5章

# 从自卑感到自卑情结

## 身体情况对孩子心理的影响

当孩子用了相对较长时间学习走路，并最终能够正常走路了，在这种情况下，他不一定会产生自卑情结。不过，虽然他在其他方面发展正常，但曾经不能正常行走的经历很可能对他产生严重影响。他觉得自己处境糟糕，进而形成悲观态度，即使将来他肢体的外形和功能已经恢复到正常状态了，之前形成的悲观态度还是会支配他未来的行动。很多孩子曾患佝偻病，治愈以后，周围人还是会看到他曾经患病的痕迹：下肢畸形、笨拙、肺黏膜炎、头部变形（方颅）、脊柱弯曲、足镯、关节无力、不良体态等。疾病会对他们的心理产生影响，他们心里有一种失败感，在成长过程中容易产生悲观情绪。曾患佝偻病的孩子看到同伴轻松自在，而自己却长期受到自卑感的压迫。于是他们低估自己，要么彻底失去信心、在前进的道路上不做任何努力；要么受到他们所谓的绝望困境的刺激，不管自己的身体缺陷，奋力追赶上那些幸运的同伴。很显然，孩子的智慧还没有成熟到可以客观分析自己所处的境况。

决定孩子发展的因素不是自身的能力，也不是客观环境，而是孩子对外界现实和自身与外界现实之间的联系的理解，了解这一点对孩子教育来说很重要。孩子天生的潜力不是最重要的，成人对孩子所处情况的判断也不是最重要的，最重要的是，我们能够从孩子的视角去理解他们的情况，并且能够用他们的错误判断去解释这种情况。我们不要期待孩子的行为有任何逻辑，他们不可能按照成人才具有的常识去行动，而且他们也无法正确理解自己所处的情况。其实反过来看，如果孩子不犯错，那教育孩子还有什么意义呢？但如果他们的错误是与生俱来的，那我们不可能有能力教育或改变他们。所以，如果你的观点是性格特征是天生的，那么你不能也不应该承担教育孩子的任务。

身体健康不代表心理健康，同样，身体不健康也不意味着心理一定不健康。身体有缺陷的孩子如果能勇敢、自信地面对生活，也可以拥有良好的心理状态。相反，如果孩子身体健康，但经历了重重困难后，导致他们对自己能力有错误的认识，那他们心理一定会出现问题。孩子在完成任务时遭遇的失败会让他们怀疑自己的能力，这类孩子对困难异常敏感，认为出现障碍就说明自己能力不足。

有些孩子，除了运动技能不发达以外，在学习说话时还会遇到各种困难。学习说话和学习走路大致是同步进行的，虽然都与家庭的养育方式和家庭环境有关，但这二者本身却不存在任何联系。因为父母的疏忽，有些孩子在学习说话的时候没有得到及时的帮助，导致他们说话比较晚。但只要孩子听力没有问题，语言器官也发育正常，那他们在正常月龄内就应该开始学习说话了。在某些特定情况下，特别是我们可以直观看到的情况下，学习说话会出现延迟。还有的情况则是父母过于溺爱孩子，在孩子尝试表达自己想法之前就已经替他说了出来。他们用了很长时间才学会说话，我们甚至怀疑他们是否听力有问题。当孩子真的学会说话了，他会对说话表现出强烈的兴趣，成年后很可能成为一名演说家。作曲家舒曼的妻子克拉拉·舒曼 4 岁才开口说话，直到 8 岁都只能简单地说几句。她性格古怪，沉默寡言，喜欢待在厨房。我们大致可以推断出她家人大多都不会打扰她。她爸爸说："性格古怪原来是心理疾病的症状，但在她小的时候我们看她很正常，就是性格文静而已。"克拉拉的故事就是典型的过度补偿案例。

聋哑孩子一定要接受特殊教育，因为双耳完全失聪的可能性不大。不管孩子的耳疾有多严重，我们也要通过治疗将他们仅有的听力提高到最大。罗斯托克的卡兹教授称，通过他的训练，五音不全的孩子最终都能够欣赏音乐和优美的声音。

## 自卑感对学科学习的影响

在学校，孩子在大部分学科上都可以取得优异成绩，唯独数学这一门学科比较例外，大多数孩子都学不好，于是人们就认为他们愚笨。这其中的原因可能是他们算术的基本功没有打好，所以学数学时受到了打击，造成他们对数学望而却步。有很多家庭，特别是父母都从事艺术领域工作的家庭，经常吹嘘自己对数字不敏感，不会计算。而且，**大家普遍认为男孩比女孩更适合学数学，其实这种观点没有任何科学依据。我们有很多优秀的女性数学家和统计专家**。经常听到“男孩就是比女孩更擅长算数”等类似的话会打击女孩的自信心。

孩子会不会使用数字，这是一条非常重要的信息。有少数知识领域会给人们带来安全感，数学就是其中之一。解决数学问题时，需要有思考的过程，沉浸在数字之中，屏蔽外界一切嘈杂，心就会慢慢安静下来。大多数缺乏安全感的人都不擅长数学。

其他学科也是如此。我们写作时，笔尖在纸上沙沙划过，那声音只有我们的心才能听到，为我们带来安全感。画画可以将脑海中转瞬即逝的画面永久地保留下来。在体育和舞蹈这两门课上，通过肢体锻炼，孩子可以提高对自己身体的准确控制，从而获得身体上的安全感和心理安慰，或许这就是为什么很多教育者认为孩子参与体育运动有益身心健康。

孩子的自卑还会体现在学习游泳上。如果孩子能够轻松学会游泳，那一定能克服其他困难；如果孩子难以学会游泳，那一定对自己和教练缺乏信心。很多孩子在刚开始学游泳时都觉得很困难，但经过长时间的练习他们也都能学会游泳，而且游得很棒。这类孩子对最初遇到的困难很敏感，经过努力他们学会了游泳，最后的成功激励着他们继续努力，努力在游泳这项运动上做到最完美，他们中的许多人都成了游泳冠军。

## 预防自卑情结的常见教育问题

孩子是只依赖于某一个人，还是喜欢很多人？一般情况下，孩子最依赖的人是妈妈，当然也可能是其他家人。每个孩子都有将自己依托于某个人的能力，除非他是低能儿。如果一个孩子主要由妈妈照顾，但他却更依赖于另一个家人，那我们就有必要找出这其中的原因。当然，孩子不应该把全部的爱和关注点都放在妈妈身上，因为妈妈最重要的一项任务就是让孩子把他的兴趣点和注意力能够放在不同家人身上。祖父母在孩子的成长过程中也承担着非常重要的角色，他们大多数会溺爱孩子。因为担心自己不再被孩子们需要而产生的自卑感，促使他们扮演起老好人的角色，心软、脾气好、对孩子有求必应，这样他们就成了孩子依赖的人。当孩子们去探望祖父母时，他们会受到祖父母的过度宠爱，而在自己家里，他们面对的是条条框框的约束，相比之下，他们不愿意回到自己的家。即使回到家，也是抱怨自己家没有祖父母家好。强调祖父母在孩子成长过程中扮演的角色，是因为我们要提醒教育者在研究分析孩子的生活风格时不应该忽视祖父母这一因素。

另外，由佝偻病造成的行动笨拙（参考第 207 页心理调查问卷的问题 2），如果在长时间内都没有得到改善，那可能说明家长给予了孩子过度的关心和照顾。当孩子生病、需要特殊照顾时，妈妈要懂得适度照顾，不要扼杀孩子的独立性。

下一个问题，孩子是不是总在制造各种麻烦？当遇到这样的案例时，我们可以肯定妈妈和孩子之间存在过度的依赖关系。妈妈没能帮助孩子建立起应有的独立性。孩子制造的麻烦可能是不按时睡觉或起床、不好好吃饭和洗漱、做噩梦或尿床等。所有这些表现都反映出孩子想要获得某个人的关注。这些小诡计接踵而来，他似乎发现了一个又一个可以控制爸爸妈妈的秘密武器。我们几乎可以肯定，有如此表现的孩子，他的成长环境一定有问题。惩罚起不到任何效果，这些孩子经常会故意惹怒父母来惩罚自己，借此向父母宣告他们根本不害怕惩罚。

还有一个涉及孩子智力发展的重要问题。关于这个问题，我们很难明确给出正确答案，但偶尔可以参考比奈－西蒙智力量表，不过，该智力量表也并非百分百准确。其他智力量表也一样，它们不能成为评判孩子人生的绝对标准。总之，孩子智力发展很大程度上受家庭环境影响。经济条件良好的家庭有能力帮助孩子，身体健康的孩子的心理也会向着更积极的方向发展。还有一个常见的规律：**心理健康发展的孩子一般会承担"脑力工作"或更好的工作；而心理发展缓慢的孩子一般会承担体力工作**。据我们了解，许多国家都引入了新的系统，处于弱势的孩子可以在新系统里接受特殊的教育，该系统主要面向来自贫穷家庭的孩子。家庭条件相对贫穷的孩子如果身处良好的环境，那他们就能追赶上那些在物质条件较好环境下成长的幸运孩子。

我们还要了解孩子是否曾是大家取笑的对象，或是否因为受到愚弄而丧失信心。有些孩子可以承受这种打击；而有些孩子则会失去勇气和信心，从而走向通往无益的轻松道路，同时将自己的关注点转向外在表现，这也意味着他们对自己失去了信心。有一种孩子充满敌意的情况就是，他们经常与其他人争吵，因为担心如果自己不成为攻击者就会沦为被攻击对象。攻击型孩子永远不服软，他们认为听话是地位低下的表现；礼貌地回复他人的问候会自降身份，所以他们总是对他人的问候表现得非常不耐烦；他们从来不会将自己的痛苦展现给他人，因为同情对他们来说是一种侮辱。他们也从来不会在他人面前哭，甚至还会用笑来掩饰悲伤情绪，看似是缺少某种情绪，其实是害怕将自己软弱的一面展现给大家。任何残酷的行为都源于实施者不为人知的软弱。真正的强者不会做出任何残忍的行为。攻击型孩子身上经常会很脏，有咬指甲、抠鼻子的习惯，性格马虎、固执。我们需要用鼓励的方式引导攻击型孩子，让他们知道自己有这样的行为习惯不过是因为害怕被人看作弱者。

接下来看看，孩子的性格是平易近人还是冷漠孤僻？他是一个领导者还是跟随者？这两个方面都与他的社交能力有关，也就是与社会情感或自信程度有关，也与他想要处于主导位置还是非主导位置有关。一个孩子总是独来独往，说明他没有信心与他人竞争，他自身对优越感的追求过于强烈，害怕自己埋没于人群中，成为他人的附属品。孩子如果有收集东西的习惯，那说明他们正在积攒力量让自己变得强大起来，从而超越他人。收集习惯很危险，孩子容易越陷越深，逐渐形成好高骛远或贪婪的性格，这其实也是软弱的表现，他们需要寻找到一个支撑点。这类孩子对他人的关心异常敏感，当他们感觉自己被忽视了，就很容易走上偷窃的道路。

孩子对学校的态度也是值得被关注的问题。留意一下他们是不是上学之前总是拖拖拉拉，是不是对去学校这件事很紧张（这种紧张一般意味着不情愿）。孩子面对特定情况所产生的恐惧会以不同形式表现出来。他们在做作业时会烦躁不安；在紧张状态下，他们会让自己出现类似心慌的症状。还有一种特殊情况是出现身体器官的变化，比如性兴奋。我们一直不推荐学校现行的评分系统，根据分数对孩子进行分类排序的制度在无形之中给孩子施加了巨大的压力，如果能取消这种制度，孩子身上的压力也会随之消失。学校里有各种大大小小的考试、测验，高分成了学生追求的目标，而低分更像是一种带有“差生”记号的标签，会永远贴在他们身上。

孩子是主动做作业还是被迫做作业？忘记做作业说明孩子有逃避责任的趋势。写作业时不认真或没耐性，都是孩子逃避上学的表现，他们其实想要做别的事情。

孩子懒吗？当孩子学习成绩差时，他们不会拿能力不足来解释，而是更喜欢把懒惰当作借口。当一个懒惰的孩子出色地完成某项任务时，他会受到表扬，然后他就会听到周围人说：“这孩子如果能勤快点，将来一定有大出息。”他很高兴能听到这样的评价，因为他无需再向其他人证明自己的能力了。懒散的孩子也属于懒惰型，他们不自信、注意力涣散、依赖性强。还有那些受到溺爱的孩子，他们会为了吸引他人的注意力而扰乱课堂。

关于孩子对老师的态度这个问题，我们很难回答。孩子经常会把自己对老师的真实感受隐藏起来。如果孩子不断地羞辱同学、贬低他人，表明他缺少自信。经常贬低同学的孩子傲慢无礼、喋喋不休，好像无所不知，这种态度成了他们的弱点。

我们最难引导的是漠不关心、麻木不仁、消极被动的孩子。他们并非对所有事情都漠不关心，只是伪装成了这样。当他们因刺激失去控制时，很可能会出现狂热行为或自杀行为。他们只做那些被要求或命令做的事，因为他们害怕挫折，总是认为他人比自己优秀。我们必须用鼓励的方式加以引导。

对体育运动有强烈兴趣的孩子很可能对其他学科也非常感兴趣，但他们害怕失败，因此专注于体育运动。阅读量远超于同龄人的孩子可能是缺乏信心，想要通过阅读显示自己的过人之处。擅长阅读的孩子沉浸在丰富的想象中，害怕面对现实。他们喜欢哪个类型的故事也能说明一定的问题，是小说、童话、传记、游记还是科技类著作？青春期的孩子容易受到色情书籍的吸引。外界因素和对性体验的渴望也会增加青少年的性冲动，这些想法在他们的脑海里挥之不去。我们可以采取一些措施来减轻这些负面影响：帮助他们做好步入成年的准备、进行早期性教育、建立良好的亲子关系。

还有一些问题涉及家庭情况。是否有家人患有某种严重疾病，比如酗酒、神经类疾病、肺结核、性病、癫痫。我们有必要对孩子的身体状况和家族病史有全面的了解。经常用嘴呼吸的孩子面部表情看起来不自然，其实是由腺样体和扁桃体问题所造成的呼吸不正常。手术可以解决这类问题，而且手术有时会让他重拾自信，回到学校时也能更勇敢地面对校园生活。

家庭中有人患严重疾病也会影响孩子的成长。父母长期患病会给孩子带来沉重的负担。神经紧张和精神障碍让整个家庭长期处于压抑状态。可能的话，我们应该尽量避免让孩子知道家里有人患有精神性疾病。精神性疾病会给整个家庭带来阴影，而且还有一种谣言称这种病会遗传。肺结核和癌症也可能给孩子带来严重影响。这些疾病都会给孩子留下可怕的记忆，有时让他们远离这种家庭氛围反倒有助于他们成长。家庭中的酗酒或犯罪倾向就像一颗毒药，侵蚀着孩子的心灵，但他又无力反抗。癫痫病会打破家庭和谐的生活，扰乱大家的情绪。但最严重的疾病还要是梅毒，父母身患梅毒，他们孩子的身体就会比较虚弱，而且梅毒是遗传性疾病，患有梅毒的孩子也很难应对生活，但目前还没有合适的方式安置来自这类原生家庭的孩子。

我们不可忽视家庭的物质条件会影响孩子的人生观这一点。与家庭条件优渥的孩子相比，贫穷会让孩子感到自卑。在经济条件相对较好的家庭里成长的孩子习惯了舒适的生活，一旦家庭出现经济危机，他们会很难适应。如果祖父母的家庭条件比父母的家庭条件优越，那情况会更加紧张。彼得·根特的例子就很好说明了这一点。爷爷位高权重，而爸爸却一事无成。彼得非常地勤奋，以此来鄙视爸爸的游手好闲。

在毫无准备的情况下与死亡第一次接触会给孩子带来很大

的影响，甚至会影响他们整个人生。孩子明明对死亡一无所知，却突然与死亡近距离接触，这让他们开始意识到生命也有尽头。死亡可能会彻底打击孩子，至少会让他们变得很懦弱。我们翻阅了很多医生的个人档案，发现他们中有不少人是因为身边人的突然离世而选择了医生的职业，这从某种程度上也证明了让孩子意识到死亡的存在会对他产生深深的影响。我们不建议把关于死亡的问题强加在孩子的身上，因为他们还不能真正理解死亡。孤儿或因父母离世而成为他人继子女的孩子通常会把自己的不幸生活归咎于父母的死亡。

了解一个家庭中谁具有最终决定权也非常重要。一般情况下是爸爸。妈妈或后妈具有家里决定权的情况很少见，但确实出现时，爸爸有时会因此失去孩子的尊重。当妈妈的控制欲很强时，儿子一般会对女性产生挥之不去的恐惧。这类男性要么会远离女性，要么会让家里的女性苦恼不已。

我们还需要深入了解父母的育儿方式是严厉还是温柔。**个体心理学家认为育儿方式既不应该过于严厉，也不应该过于温和。在育儿方式中，最重要的是理解，避免错误方式，不断地鼓励孩子面对、解决问题，培养他们的社会情感**。太过挑剔和严厉对孩子来说是一种伤害，会使孩子的信心受挫。溺爱式的教育会培养出依赖性强的孩子，他们可能会失去独立能力。父母要尽量避免用极端方式描述世界，父母的职责就是让孩子充分做好进入社会的准备，能够照顾好自己。不知道如何面对困难的孩子会选择逃避，那他们的活动圈子就会越来越小。

接下来我们要了解家里谁负责照顾孩子。这个人不一定必须是妈妈，但她一定要知道谁负责照顾孩子。教育孩子的最佳方式是让他在合理范围内从经验中学习，这样一来，引导他的是事件中的逻辑而不是他人强加在他身上的约束。

孩子在家庭中的位置，最能说明他的性格。家里唯一的孩子会处于特殊的位置；最小的孩子、孩子中唯一的男孩或女孩，也都会处于特殊的位置。

职业选择也是一个重要问题，它说明了环境对孩子的影响、孩子的信心和社会情感的发展程度以及他们的生活节奏。幻想和童年早期的记忆具有同样重要的意义。能够解读孩子童年记忆的人们可以从中发现孩子的整个生活方式。梦境也可以揭示孩子的个人走向，他们是想要解决问题还是逃避问题。我们还有必要了解一个孩子是否有语言障碍，以及他的外貌美丑和身材好坏。

孩子是否愿意公开谈论自己的情况？有些孩子喜欢夸大其词，以此来补偿自身的自卑。有些孩子则拒绝谈论自己的事情，担心有人趁机利用这些事情，或者担心自己暴露弱点后受到新的伤害。

如果孩子在某一个学科上成绩优异，比如画画或音乐，那我们应该在此基础上鼓励他们提高其他学科的成绩。

如果孩子到了 15 岁还不知道自己将来想要做什么，我们可以认为这样的孩子信心受挫，要根据实际情况对他们加以引导。家庭成员的职业以及兄弟姐妹在社会地位上的差异都是我们要考虑的因素。父母婚姻的不幸也会影响孩子的成长。老师要谨慎处理，对孩子及其家庭环境要有正确的认识，根据从问卷中获得的信息，合理安排治疗方案，改善孩子的心理状态和行为习惯。

第6章

# 社会情感能力对孩子的意义

## 教育的社会性

与我们在前几章讨论的追求优越感不同，很多孩子和成人身上普遍存在一种将自己与他人团结起来的趋势，通过与他人合作的方式完成各项任务，成为对社会有用的人。这些表现都属于社会情感的范畴。那么社会情感的根源是什么呢？这一问题的答案存在着很大的争议，但就目前来看，社会情感与人类本性密不可分。

有人可能会想，社会情感从哪种意义上来说比追求优越感更符合人类本性呢？答案是，个人对优越感的渴望和社会情感都建立在人类本性这一共同基础上，它们都是渴望获得肯定的基本表现形式，但它们的形式不同。不同的形式涉及对人类本性不同的观点，个人追求优越感隐含着个人可以独立实现对优越感的追求的观点；而社会情感则认为个人必须依靠群体。在人类本性中，社会情感要高于个人追求，社会情感代表了更符合逻辑的正确人生观，而追求优越感则较为肤浅，但作为一种心理现象，追求优越感更常见于个体生活。

为什么说社会情感是更符合逻辑、更正确的人生观呢？我们只需要回顾人类历史就会发现人总是选择群居生活。再深入挖掘就是，独自生活的人们无法保护自己，生存的本能促使人们选择群居生活。通过人与狮子的对比，我们发现，作为动物的一种，人类缺乏安全感，大自然赋予了其他动物更强的攻击和防御能力，与人类体型相似的其他动物在力量上要优于人类。达尔文发现，防御能力薄弱的动物总是会在群体中活动，例如，力大无比的猩猩总是和他的配偶单独生活，而体型、力量都较小的其他猿类动物则会选择群居。达尔文指出，大自然没有赋予一些动物尖牙、利爪、翅膀，所以它们会形成群居的生活方式，以此来替代或补偿自己薄弱的防御和攻击能力。

有些动物单独生活时防御和攻击能力较弱，群体不仅可以弥补它们的薄弱之处，还可以引领它们发现保护自己的新技能，改善自己的处境。例如，有一群猴子，它们能够提前派出侦查员，侦查敌人的行踪。通过这种方式，它们充分利用了群体的力量，抵消了群体中单个成员的弱点。我们还发现，水牛聚集到一起时，抵抗力量远高于比它们更加强壮的单个敌人。

研究群居生活的动物社会学家称，在群体中，彼此的角色安排就像是人类的法律一样，不可违背。猴群派出的侦查员必须按照一定的规则生活，任何错误或违背命令的行为都要受到猴群的惩罚。

比较有趣的是，很多历史学家认为人类最古老的法律都与部落看守人有关。如果事实真是如此，那我们就可以推断，身形处于弱势的动物缺乏保护自己的能力，由此衍生出了群体生活的想法。从某种意义上来说，社会意识反映了人类身体处于弱势，二者不可分割。对于人类来说，凸显社会情感重要性的关键因素之一就是婴儿和孩子处于无助状态以及发展成熟所需时间较长。

在整个动物界，人类幼崽来到这个世界时的无助感最强烈，而且，人类到达成年阶段所需的时间也最长。这并不是因为在成人之前孩子需要不断地学习，而是因为人类自身发展就需要十几年的时间。孩子的身体、器官在没有发育成熟前，他们需要父母长时间的保护，如果孩子没能得到应有的保护，那人类可能会濒临灭绝。**孩子的身体弱势是连接教育和社会意识的因素。由于孩子身体的不成熟，教育就显得不可或缺，教育告诉我们，克服孩子的不成熟性需要依靠群体，教育必须保持社会性。**

在孩子教育的原则和方法中，我们必须以群体生活思想为前提，并且可以根据社会变化进行相应调整。我们潜意识里是支持有益于社会的行为，反对不利于社会或有害社会的行为。

孩子教育中会出现各种错误，这些错误之所以被称为错误是因为我们认定它们对社会产生了负面影响。只有在社会生活和社会情感的指引之下，伟大的成就才得以实现，人类能力才得以发展。

## 社会情感对孩子语言能力的影响

以语言为例，独自生活的人不需要掌握语言，所以，既然人类掌握了语言的能力，那说明我们需要进入社会生活。语言是人与人之间特殊的纽带，同时也是群居生活的产物。只有从社会观念出发，语言心理学才能成立。当孩子缺少参与社会生活的平台，独自成长时，他的语言发展就会变缓。语言的天赋只有在个人与他人的交往过程中才能获得和提高。

**大多数人认为能够更清晰表达自己想法的孩子在语言上更具天赋，其实事实并非如此。语言和社会情感有关，说话不流利或交流困难的孩子的社会情感通常都较低。**娇生惯养的孩子在说话方面常面临各种各样的问题，因为大人无微不至的照顾让他们根本没有机会表达自己的想法。他们不需要说话，没有机会与人交流，渐渐失去了适应社会的能力。

有些孩子不愿意说话，是因为在他们说话过程中父母总是打断他们，或是父母根本不给他们机会回答；有些则是因为说话而受到了嘲笑或奚落，备受打击而不愿说话。不断地更正和唠叨在孩子教育上是特别常见的错误方式，它所造成的严重后果就是孩子长期处于自卑状态，觉得自己一直在退步。自卑的人有一个共同点，他们在说话前一定会说："如果我说错了，请不要笑话我。" 我们经常听到有人把类似的话挂在嘴边，他们在童年时一定经常受到嘲笑。

曾有一个案例，男孩的父母都是聋哑人，但男孩能够正常地说话和听音。他受伤时，经常会无声地哭泣，因为他想让父母知道他很痛，但痛哭出声又于事无补。

## 社会情感对孩子逻辑与艺术能力的影响

人类其他能力的发展必须以社会情感的存在为前提，比如理解力、逻辑推理能力的发展等。真正独自生活的人不需要有逻辑能力，或者说跟其他动物一样只需要有简单的逻辑能力。相反，生活在群体中的人，在与他人相处的过程中，一定会用到语言能力、逻辑能力和常识，他必须培养自身的社会情感。培养社会情感是所有逻辑思维的最终目标。

有的人的行为有时看起来很蠢，但如果我们从这些人的个人目标出发，再看这些行为，它们就是合情合理的。这些人认为其他人的想法也一定和自己一样，可见社会情感和常识在判断过程中是多么重要的因素（如果群体生活不那么复杂、人们没有那么多难以解决的问题，那我们就没有必要发展常识了）。

我们可以想象一下原始社会，原始人相对简单的生活不会刺激他们进行深入思考，所以他们会一直保持着原始水平。

社会情感在人们的语言能力和逻辑思考能力的发展上起着至关重要的作用，而且，这两项对人类来说也是非常神圣的能力。如果人人都不考虑他所处的社会，按自己的方式解决问题，或使用自己的语言去交流，那世界就会陷入一片混乱。社会情感能够赋予人们安全感，也是人们生活的主要支柱。社会情感给予我们的安全感与逻辑思维和真理给予我们的自信不完全相同，但这份安全感是自信中显而易见的组成部分。举个例子，为什么计算和计数被我们广泛接受和肯定？我们甚至倾向于认为用数字表示的内容准确无误。因为数字是一种更简单的交流方式，而且便于理解。如果我们无法与他人交流、分享真理，那只能说明我们对这条真理持怀疑态度。柏拉图带着这个想法尝试将哲学建立在数字和数学基础上。他认为哲学家应该回归“笼内”，参与到日常生活中，柏拉图的观点进一步说明了人类与社会情感的关系。哲学家同普通人一样，没有社会情感给予的安全感就无法正常生活。

孩子安全感较低，体现在他们与其他人交往或必须主动完成某些任务时，特别是在学校学习某些需要逻辑思维的科目上，比如数学。

个体在童年时期获得的概念（道德感、道德规范等）经常是片面的。对于独自生活的人来说，道德规范毫无意义，道德只存在于社会和对他人权利的保护中。而美感、对艺术作品的喜好则不同，即使在艺术领域，我们也可以感知到一个普遍存在的统一印象，这个印象根植于对健康、力量、社会正向发展等方面的理解。就艺术而言，它的界限并非固定不变，它为个人品位留有空间。总之，美学也遵循一定的社会标准。

## 孩子的社会情感水平

如何判断孩子的社会情感发展到了什么程度？我们必须参考某些特定的行为表现，比如，孩子在追求优越感的过程中，迫使自己超越他人，不考虑他人的感受，我们就可以确定这些孩子的社会情感程度低于那些以正确方式追求优越感的孩子。在当今社会，大多数孩子都在一定程度上追求个人至上，这说明他们的社会情感还未发展到成熟水平。这就是批评家以及古往今来的道德家经常指责的情况：人本质上是以自我为中心，更多地考虑自己而非他人。我们把人本自私的内容总结成道理，但这些道理对孩子或成人没有起到任何影响，仅凭名言警句什么也解决不了，人们最终还是会用“其他人也一样”的话语来安慰自己。

处于困惑中的孩子很容易走向危害他人或犯罪的道路，我们应该意识到道德说教已经起不到任何作用。处理这类情况时，我们要深入地将罪恶连根拔起。换句话说，我们要放弃宣判者的角色，而是以同伴或医生的身份站在孩子身边。

如果我们不断地对一个孩子说“你太坏了、你太笨了”，那用不了多久他就会真的认为自己很坏或很笨，并因此备受打击，面对任务也没有信心去解决。结果就是不管他做何种努力，最终都以失败告终，失败又加深了他认为自己很坏或很笨的想法。他根本不了解真实情况：最初的环境摧毁了他的自信心，于是他潜意识里安排自己的人生来证明外界对他的错误评价是正确的。这个孩子认为自己不如同伴出色，自己的能力和潜力都有限。他的态度表明了他感到很压抑，压抑情绪与不利环境施加在他身上的压力成正比。

**个体心理学想要告诉我们，孩子犯的每一个错误都能反映出环境对他们造成的影响**。乱扔东西的孩子，他的生活中一定有一个总是把他的东西收拾得井井有条的人；爱撒谎的孩子，他的生活中一定有一个专横的人想要用严厉手段改正他撒谎的习惯。我们也可以在喜欢说大话的孩子身上找到环境留下的痕迹。喜欢吹牛的孩子认为获得赞美是最重要的，而不是成功完成某项任务，在追求优越感的过程中，他会想方设法得到家庭成员的称赞。

## 多胎家庭孩子的社会情感发展

父母经常忽视或误解孩子在生活中出现的某些情况。家里有兄弟姐妹时，每个孩子的情况各不相同。第一个孩子在一段时间内是家里唯一的孩子，这是第二个孩子无法体会的经历。最小的孩子所处的某些特定环境也是其他兄弟姐妹体会不到的，他是家里最小、最弱的孩子。当然，家庭不同，情况也会有所不同。当家庭中的两个孩子共同成长时，哥哥在能力方面要优于弟弟，哥哥能够克服弟弟还没有能力解决的困难。在两个孩子中，年龄较小的孩子觉察自己处于相对弱势的地位，为了补偿这种自卑感，年龄较小的孩子会更加努力地超越哥哥。

大多数情况下，长期研究孩子问题的个体心理学家能够根据一些内容判断孩子的家庭排序。当哥哥姐姐取得进步时，弟弟妹妹就会付出更多的努力，跟上哥哥姐姐的步伐。所以，弟弟妹妹的性格多是积极向上、争强好胜的。如果哥哥姐姐能力不足、发展缓慢，那弟弟妹妹在这场竞争中也会有所松懈。

要想全面了解一个孩子，我们必须确定他在家庭排行中的位置。家里年龄最小的孩子都有最小孩子才具有的特征，例如，活泼好动，想要超过所有的哥哥姐姐，想要哥哥姐姐加在一起都不如他一个人，凭着这种感觉和信念，他会加倍努力，当然也有个别例外。我们观察到的这些现象对于孩子教育来说有着重要的意义，因为它们决定了我们采取哪种教育方式。相同的原则不可能适用于所有孩子，每个孩子都是独一无二的，虽然我们会把孩子大致分成不同的类型，但在处理孩子问题时还是应该把他们看作单独的个体，具体问题具体分析。老师在学校可能做不到这一点，但父母在家里是可以做到的。

在任何事情上，最小的孩子总想要中心位置，很多时候他也确实做到了。这是一个非常重要的认知，因为它弱化了心理特征可以遗传的说法。不同家庭中最小的孩子往往有很多的共同之处，这在一定程度上否定了可遗传的说法。

最小孩子的另一个类型与之前描述的积极主动型不同，是彻底灰心失望。灰心失望的孩子懒散、不求上进。其实我们可以从心理学角度解释主动型和被动型孩子的巨大差异。有的孩子会为自己制定超越所有人的不合理目标，他们在遇到困难时更容易受挫。过高的目标给他们带来了消极情绪，当面对无法跨越的障碍时，与那些目标更切合实际的孩子相比，他们会更快地逃跑。从最小的孩子的两种类型中，我们看到了两种极端情况：要么做到最好，要么什么都不做。

不管是在德国的童话故事中，还是俄罗斯、中国的童话故事中，最小的孩子往往最优秀，他超越所有哥哥姐姐，成为最终的胜利者。在这么多国家里出现类似的故事不可能只是巧合，或许是因为他们在过去时期的形象要比现在突出得多，因此我们对这类孩子有了更深入的观察。

孩子性格的形成与其在家庭中的位置有关，这方面的内容有很多地方值得我们拓展。年龄最大的孩子有很多共同的性格特征，可以大致分为两到三种主要类型。

我长期研究孩子性格与其家庭排序的问题，发现最大的孩子通常都具有一个保守的特征：他们对权力、规则、不可违背的法律坚信不疑。他们有公开接受独裁统治的倾向，而且不觉得有任何愧疚。他们支持权位，因为他们自己就曾处于权力位置上。

关于长子的特征还有另外一种类别，我们来看一个特殊案例。男孩的生活中出现了某个问题，但一直被忽视了。男孩是哥哥，他有一个妹妹，在现实生活中，男孩扮演了一个悲剧角色。如果我们不去看事实本身，单从男孩迷茫困惑、信心不足的状态，就能大致推断出他在生活中有一个聪明伶俐的妹妹。这样的推断并非偶然，而是存在着某种解释。第一个出生的男孩往往是在溺爱环境下成长的，父母对他有着很高的期望，他一直处于家里的有利地位，直到妹妹出生。妹妹降临到这个家庭，被惯坏的哥哥把她视为讨厌的入侵者，整日与她作对。哥哥的行为激励着妹妹更加努力，哥哥给她的刺激将会影响她的一生。妹妹的迅速发展威胁着哥哥，他的优越感幻觉突然破灭。14 ~ 16 岁的女孩不管是在心理上还是身体上的发展速度都高过男孩，这是自然规律。在不了解自然规律的情况下，哥哥开始自我怀疑，觉得自己彻底失败了。他轻易地失去了对自己的信念，放弃了战斗，转而开始寻找似是而非的借口，或者把各种困难当作逃避的借口。

很多家里第一个出生的男孩都会经历迷茫困惑、悲观失望、莫名懒惰或是紧张焦虑的状态，归根结底就是因为他们觉得自己没有能力与弟弟妹妹竞争。男孩的负面情绪可能会演变成对女性的憎恶。可悲的是，几乎没有人能够了解他们的处境，向他们解释其中缘由。父母和家庭其他成员的话让情况更糟："他俩为什么不能换一下呢？哥哥是女孩，妹妹是男孩该多好！"

## 男孩和女孩的教育差异

在一个家庭中，只有一个男孩，其他都是女孩时，家里会自然而然形成女性主导的氛围。此时会出现两种极端情况，男孩要么集万千宠爱于一身，要么受到所有姐妹的排斥。只有姐妹的男孩各自有不同的发展，但又会具有某些相同的特征，有一种说法广为流传：**男孩不能只由女性来抚养和教育**。我们不能只从字面上来理解这句话，毕竟男孩首先是由女性抚养。这句话真正的含义是男孩不应该在只有女性的环境下成长。这个观点并非针对女性，而是反对在这种环境下产生的误解。这也同样适用于在男性环境下成长的女孩，家里的男孩会小瞧女孩，于是，女孩为了追求与男孩平等的地位就会模仿男孩，对于她以后的生活而言，模仿男孩不是一个好的开端。

不管我们有多包容，都不可能接受女孩要像男孩一样养育的观念。短时间内我们可以做到，但某些不可避免的差异很快就会显现出来。因为身体构造不同，男性要在生活中承担与女性不同的角色，这也影响着职业的选择。不满意自己女性角色的女孩有时很难调整自己去适应那些只有女性从事的职位。在面对婚姻问题时，很显然，对女性角色的教育与男性角色不同。不满意自己性别角色的女性会反对婚姻，她们认为婚姻是对自己的贬低，即使最终选择了婚姻，她们也试图成为主导者。按女孩养育方式被养大的男孩，同样会很难调整自己适应社会。

在考虑男女养育问题时，我们应谨记，孩子的生活风格一般在四五岁时就形成了。因此，在这段时间内需要培养他们的社会情感和自我调节能力。到了 5 岁时，孩子对周遭环境的态度通常已经确定并固定下来，并在今后都沿着这个方向发展。他们对外部世界的感知已经固定，并且会受到原有观念的束缚，不断重复最初的心理机制及行为模式，而社会情感也会受到个人心理活动范围的限制。

第7章

# 多胎家庭对孩子的影响

## 长幼顺序对孩子性格发展的影响

孩子在无意识状态下也会对自己在生活环境中的地位有一定理解，并按照自己对环境的理解发展人格。家里第一个、第二个、第三个孩子的发展状态都不尽相同，每一个孩子的发展都与他在家庭中的长幼顺序紧密相关。早期的条件可以看作对孩子性格的考验。

孩子教育不能过早开始。随着孩子的成长，他们逐渐形成一系列特定的规则或公式以约束自己的行为，决定自己对不同情况的应对方式。婴幼儿时期，他们开始构建指导自己未来行为的机制。经过多年的训练，孩子的行为模式逐渐固定，不再客观地做出反应，而是在无意识状态下根据对过去全部经历的理解做出反应。当孩子对某种特定情况或对自身某项能力产生误解时，这种错误的判断将决定他们的行为，不管多少道理或常识都无法改变他们成年后的行为，除非我们能更正孩子在幼年时期形成的错误理解。

孩子在发展过程中具有个性化特征，教育者不能忽视这个特征。由于个性化特征的存在，我们在教育孩子时无法采用一般规则，这也解释了为什么同样的规则用在不同孩子身上时会产生不同的效果。

另一方面，当孩子对同一情况做出的反应大致相同时，我们不能说这是因为自然规律；现实是人们的理解能力有限，很容易犯相同的错误。我们习惯上认为，弟弟妹妹的出生会引起哥哥姐姐的嫉妒，而事实上，很容易找到反驳的例子。我们可以通过专业途径帮助孩子做好准备，积极迎接弟弟妹妹的到来，消除他的嫉妒心理。犯错的孩子就像走在山间小路，迷失方向，不知道该何去何从。当他终于找到正确的路，到达下一个村庄时，他听到人们惊讶地说："几乎所有偏离那条路的人最后都迷路了。"孩子犯的错误就分布在这些充满吸引力的路上，这些路走起来轻松不费力，对孩子来说有巨大的吸引力。

还有很多其他情况对孩子的性格有着不可估量的影响。我们是不是经常看到在一个家庭里的两个孩子，一个乖巧懂事，一个调皮捣蛋？如果近距离观察两个孩子的情况，我们就会发现，调皮捣蛋的孩子有着追求优越感的强烈意愿，他想要控制所有人，利用全部力量统治周围环境，家里充斥着他的哭声。相反，另一个孩子安静、谦虚，是家人的最爱，家人经常拿他做榜样教育调皮捣蛋的孩子。父母不知道为什么在同样家庭的两个孩子性格会有天壤之别。通过观察我们发现，优秀的孩子知道表现得乖巧懂事可以得到家人的更多认可，他也因此成功打败了“不优秀”的兄弟姐妹。当一个家庭中的两个孩子争夺家人的认可时，如果第一个孩子无法通过变得更优秀而超过另一个孩子，他就会尝试向相反的方向努力，成为混世魔王。我们其实可以理解孩子的心态，根据经验，这类淘气的孩子有能力成为比他的兄弟姐妹更优秀的人，但这种追求优越感的强烈意愿，如果引导不当，就会以另一种极端的形式表现出来。

我们不能说两个孩子在相同条件下成长，就会成为完全一样的人。没有两个孩子在绝对相同的条件下成长，调皮捣蛋的孩子会极大影响乖巧听话的孩子的性格。现实中，很多孩子在刚开始的时候都很听话懂事，后来却成了问题孩子。

有一个 17 岁女孩的案例，她在 10 岁前都是模范孩子。她有一个比自己大 11 岁的哥哥，在她出生之前，哥哥是家里唯一的孩子，受到了家人的溺爱。对于妹妹的到来，哥哥并不感到嫉妒，他还跟以前一样受到宠爱。当女孩 10 岁的时候，哥哥开始离家生活。她暂时成了家里唯一的孩子，从此开始为所欲为。她成长在一个富有的家庭，她的每一个愿望都可以轻易得到满足。随着她的长大，家人不再对她有求必应了，她开始感到不满。凭借家族的经济信誉，她在很小的年纪就开始借款，并且在短时间内欠下一大笔钱，她选择了另一条满足自己欲望的道路。当妈妈拒绝满足她的要求时，她开始变得叛逆、不懂事。

家里开始出现争吵、泪水，女孩逐渐变成了令人讨厌的孩子。

从上述案例和其他类似案例中我们可以发现，孩子可以用优秀的行为表现追求优越感，但我们无法确定的是，当情况发生变化时，他们是否可以保持自己优秀的行为表现。

## 孩子为何冷漠

在学校，还有一种类型的孩子与积极追求优越感的孩子正相反。他们过着懒散的生活，性格冷漠，对知识、纪律或约束自身行为没有任何兴趣，他们生活在自己想象的世界，表现不出任何追求优越感的迹象。但根据我们丰富的经验，**孩子看似不追求优越感的表现也是追求优越感的一种形式，只不过这种方式是错误的。看似不追求优越感的孩子是对自己的能力没有信心，他们认为自己通过正常的努力不可能获得成功，所以放弃了一切进步的方式和机会**。他们将其他人拒之门外，为自己树立了一个冷漠的形象。但冷漠并不代表他的全部人格，冷漠的背后隐藏着一个敏感、胆小的小孩，他需要用冷漠把自己保护起来，免受外界的伤害。他用铠甲全副武装起来，外界一切都无法接近他。

当我们找对方式让这类孩子勇于说出自己内心的想法时，我们会发现，他们完全沉浸在自己的世界中，经常做白日梦，幻想自己是无所不能的宇宙超人。他们的幻想完全脱离了现实，他们认为自己是战胜一切的英雄，或是掠夺他人权力的暴君，或是帮助劳苦大众的圣人。沉浸在自我世界中的孩子经常扮演救世主的角色，不仅仅是幻想，在他们的日常行动中也会有所体现。他人遇到危险时，他们会拼尽所能，伸出援助之手。孩子在幻想中扮演拯救者的角色，在现实中也会刻意训练自己，在还没有完全失去信心之前，他们会充分抓住机会拯救他人。

有些幻想会不断地反复出现。很多孩子都幻想自己能够拯救他人于危难之中，而父母却不知道自己的孩子有过这样的想法。他们能够看到的是，整日幻想的孩子无法调节自己适应现实生活，无法让自己成为有用的人。在这些事例中，幻想和现实有很大差距。有时，孩子会选择折中的道路：他们继续幻想的同时做简单的调整以适应现实生活。有的孩子则根本不做调整，逐渐逃离现实世界，退缩到自己搭建的世界中；还有的孩子不愿沉浸在想象中，只喜欢关注现实事件，比如旅行、狩猎和历史等。

## 孩子为何陷入幻想

孩子应该有自己的幻想，同时也应该有接受现实的意愿，但也要注意，孩子不会像成人一样简单地看待这些事情，他们很容易将世界分成两个极端。在了解孩子的过程中，我们要记住一个非常重要的事实，他们倾向于把所有事情分成两种极端情况（高或低，好或坏，聪明或愚蠢，优秀或自卑，有或没有）。成人也容易使用对立的认知方式。众所周知，我们很难改变对立的思维模式，例如，把热和冷看作两种对立的温度，但其实我们知道从科学的角度看冷热不过是温度的差别。不仅孩子经常采用对立的认知方式，哲学在发展初期也经常采用这种方式，希腊哲学的初期由对立思想主导。即使是现代，有些业余哲学家也会采用对立方式来判断价值，甚至还制作了表格——“生与死”“上与下”“男与女”。这些幼稚的思想和古老的对立认知方式有很大的相似性，所以，我们判断，习惯把世界分成对立面的人保留了他们孩童时期的思维方式。

习惯用对立思维思考的人有一套自己的公式，用一句话来描述这个公式就是“全有或全无”。在这个世界上我们很难实现“全有或全无”的理想状态，但他们还是会按照自己的公式来生活。我们不可能拥有全部，也不可能一无所有，在这两种极端情况之间，有无数种可能。这个公式主要存在于有严重自卑感且野心强烈的孩子中，他们以此作为补偿。历史上有很多持有对立思维的人物，比如恺撒，他最终在追求权力的过程中被朋友杀害。具有“全有或全无”思维的孩子都具有某些特性和性格特征，比如固执。在这类孩子的生活中，我们可以找到很多证据来证明他们的对立思维，他们已经形成了与常识相反的生活哲学或生活智慧。我们用一个 4 岁女孩的案例来进行说明，她的性格非常的固执和倔强。有一天，妈妈给她拿了一个橘子，女孩随手扔到地板上，大声嚷嚷：“我不要你给我的，我想要的时候我自己会拿！”

懒散的孩子在无法拥有一切时，会逐渐退缩到白日梦和幻想的空虚中，退缩到自己建造的空中楼阁中。但我们不能武断地下结论说他们已经迷失了方向。极其敏感的孩子很容易脱离现实，因为他们已经为自己幻想了一个虚拟世界，保护着他们不受更深的伤害。孩子退缩到自己幻想的世界中并不一定意味着无法进行自我调节或完全不能适应社会。比如对于作家、艺术家，甚至是科学家来说，他们也需要与现实保持一定距离，以保持自己丰富的想象力。幻想是我们用来避免生活中可能发生的不快和失败的方式，真正的领导者是那些把丰富想象和现实结合到一起的人。他们能够成为领导者，不仅是因为受到了更好的学校教育、自身有着敏锐的观察力，而且还因为他们拥有面对和解决生活困难的勇气和意志。从伟人的传记中，我们得知，虽然他们在现实中没有任何贡献，学生时代的表现也较差，但他们有过人的观察力，可以洞察周围的一切，一旦条件变得有利了，他们就会拿出敢于接近现实的勇气，开始战斗。没有一条定律可以告诉我们如何把孩子培养成伟人。我们要做的就是，不鲁莽对待孩子，鼓励他们、耐心向他们解释现实生活的意义，这样他们才能将幻想和现实结合起来。

第8章

# 新环境对孩子的考验

## 孩子的隐藏性格

人格的所有表现形式在任何时候都紧密结合在一起，从这个角度看，人类的精神生活不仅是一个整体，同时又是一个连续体。个体的人格不会突然出现，而是逐渐显现出来。**童年时期的性格会影响现在和未来的行为，但这并不是说生活中发生的一系列事件都机械地由过去和遗传所决定，而是告诉我们个体的未来和过去是一个不会中断的连续体**。任何人都不可能一夜之间做到一鸣惊人，我们也永远不可能预先知道自己身体里储存的力量，也就是说，我们从来不清楚自己的能力，直到爆发的那一刻。

人类的精神生活是一个连续体，不由任何机械因素决定，所以，教育的出现就有了意义，人类也有了自我提高的可能性，而且还能够判断性格在特定时间的发展状态。当个体进入一个全新的环境时，他隐藏的性格特征就会显现出来。如果可以直接用个体做实验，那我们可以通过让他接触新环境的方式，找出他的发展状态。他在新环境下的行为一定与童年期的性格一致，这样我们就可以发现他在平常环境下不会表现出来的性格。

过渡阶段是观察孩子性格的最佳时期，比如初入学阶段、家庭条件突然发生变化的阶段等。通过在过渡阶段对孩子的观察，他们性格的局限性会逐渐显现出来，就像将照片底片放入显影液后，照片上的图案逐渐出现。

我们曾观察过一个被收养的孩子，他乱发脾气、屡教不改，没有人知道他下一秒会干什么。当我们与他聊天时，他经常答非所问，他的答案跟我们的问题毫无关系。综合考虑了所有情况后，我们认为，男孩在寄养家庭已经生活了几个月，依旧对养父母充满敌意，说明他不喜欢生活在这里。

这是我们对这种情况能做出的唯一解释。养父母摇头表示否定，他们说男孩在家里得到了很好的照顾，甚至比他以往的生活都要好，但这并不起决定性作用。我们经常听到父母说："我们尝试了一切办法，软硬兼施，但一点儿作用没有。"**好意本身不足以改变一个孩子，有的孩子会积极响应你的好意，但不能因此认为我们已经改变了他们**。他们认为自己暂时处于有利环境，实际上他们的情况没有任何变化，而且一旦他们感受到好意消失了，就会回到原来的状态。

## 孩子内在心理的表现形式

对于上述案例，我们真正要做的是理解男孩的感受和想法，了解他如何看待自己的处境，而不是父母认为他处于什么情况。我们向养父母指出，收养的孩子跟他们在一起生活并不快乐。我们不知道他有如此态度的真正原因，但一定发生了什么事让他反感。我们告诉他们，如果感觉自己没有能力改正孩子的错误、获得他的爱，那只能将他送走，如果不这么做，那他就会经常觉得自己是被迫留在这里的，一定会抗争到底。后来我们听说男孩真的成了脾气暴躁的人，大家都认为他很危险。温柔对待男孩，也许会让男孩的行为有所改善，但仅凭如此远远不够，因为他不了解其中的前因后果。随着我们深入挖掘了更多信息，整个事件逐渐清晰起来。案例的真实情况是，他与养父母的亲生孩子生活在一起，而他认为养父母更关心亲生的孩子。但这肯定不是他脾气暴躁的主要原因，男孩不想生活在养父母家里，所以任何能够达到他这一意愿的行为对他来说都不为过。他为自己制定了明确的目标，非常聪明地向着自己的目标努力，他的智商没有一点儿问题。经过一段时间，养父母才意识到他们没有能力改变他的行为，只能选择将他送走了。

如果有人因为男孩的错误而惩罚他，那惩罚对他来说完全是继续叛逆的理由。他认为反抗是正确的方式，而惩罚肯定了他的想法。我们有充分的理由证明这个观点，从男孩的案例中可以看出，孩子犯错是与环境对抗的结果，是在没有任何准备的情况下进入新环境的结果。这些幼稚的错误在我们的意料之中，成人也会出现同样的幼稚表现。

解读孩子的手势和原始的表现形式是几乎没有被涉猎的领域。我们需要有人将原始表现形式综合到一起，形成一个研究计划，以了解它们之间的联系和起源，而老师是最适合的人选。同一个表现形式在不同情况下有着不同的意义，两个孩子或许行为相似，但行为背后的含义不尽相同。此外，问题孩子的表现虽然源于相同的心理成因，但其表现形式也各不相同。究其原因，不过是到达特定目标的道路有多条。

从常识的角度看，我们不能说哪种表现形式是对或错。孩子犯错的原因很可能就是他有一个错误的目标，向着错误目标所做的努力也都是错误的。很奇怪的是，人类本性中有无数犯错的可能性，但解决这些错误的真相却只有一个。

有几种表现形式虽然被学校忽略了，但它们具有重要意义，比如睡觉的姿势。在一个案例中，一个 15 岁的男孩经常出现幻觉。在他的幻觉中，奥地利皇帝弗朗茨·约瑟夫一世（1830—1916）去世，约瑟夫的鬼魂出现在他面前，命令他组织军队发动战争。我们晚上去他房间里查看他睡觉的状态时，惊讶地发现他躺在床上，与拿破仑的睡姿一样。我们第二天看到他时，他的姿态与睡觉时表现出来的军人姿态类似。由此看来，他的幻想与清醒时的态度一定具有某种联系。我们引导他进入我们的谈话，努力让他相信约瑟夫仍在世，但他拒绝相信。他告诉我们，他在排队买咖啡的时候，经常有人嘲笑他的身高。我们紧接着又问他，是否有人走路的姿势与他一样，他想了一会儿说："我的老师，迈耶先生。"到目前为止，谈话的方向是正确的，我们克服困难，勾画出了迈耶先生的形象，他就像另一个拿破仑一样。更重要的是，男孩告诉我们，他将来也想成为一名老师。他最喜欢迈耶老师，所以他喜欢模仿迈耶老师的一切。总之，男孩的姿势概括了他的生活态度。

## 孩子对新环境的心理准备

新环境是判断孩子是否做好准备的方式。如果孩子做好了充分准备，那他们会自信地面对新环境；如果他们准备不充分，那新环境就会带给他们压力，导致他们认为自己能力不足。这种不足感会影响一个人的判断，他对新环境的反应不是他的真实想法，也就是说，他的反应不符合新环境对他的要求，因为不是在社会情感的基础上做出的反应。孩子在学校表现不佳不仅是因为学校系统效率低下，还因为孩子自身存在缺点。

我们必须考虑新环境这个因素，不仅是因为新环境是造成孩子行为恶化的主要原因，而且它能够清晰反映出孩子未做好充分准备的状态。每一个新环境都是判断孩子是否做好准备的方式。

在环境因素这一点上，我们回顾一下心理调查问卷里的一些问题（详见附录Ⅰ）。

1. 问题是什么时候开始出现的？我们的关注点会第一时间面向新环境。当妈妈说孩子在入学之前一切都好时，我们得到的信息远比她了解得多。入学对孩子来说是非常大的变化。妈妈描述的是过去三年的事情，但这些信息还不够。我们需要知道三年前，孩子所处环境的变化以及他自身身体条件的变化。

孩子自信逐渐降低的第一个标志就是无法适应学校生活。我们要严肃对待孩子人生中的第一个失败，否则它将对孩子产生严重影响。我们要了解，孩子因学校表现不佳而受到了多少次体罚，分数或体罚对其追求优越感产生了什么影响。分数、体罚，特别是父母的话语“你以后不会有什么大出息”“你以后就是个小混混”，让孩子逐渐相信自己没有能力完成任何事情。

有些孩子会积极面对失败，迎难而上；有些孩子则一蹶不振。对自己失去信心、对未来失去信念的孩子应该鼓励，要温柔、耐心、包容地对待他们。

在孩子毫无准备的情况下，直接向他们解释失败原因会起到适得其反的作用，他们会更加困惑。此外，如果兄弟姐妹太过成功，也会影响孩子继续努力。

2. 以前出现过类似情况吗？就是说，在环境发生变化之前，有人发现孩子未做好准备吗？针对这个问题，我们收到了各种各样的回答。“这个孩子太邋遢了”，从回答中我们就可以知道妈妈包揽了孩子的一切事情。“他总是很害羞”，说明孩子对家人依赖很大。当一个孩子特别柔弱的时候，我们猜测他出生时伴有器官衰弱，因为身体柔弱，家人对他宠爱有加，甚至是溺爱，或因为长得丑陋而被周围人忽视。有关柔弱的问题也会告诉我们孩子是否智力低下。有的孩子发展速度可能相对缓慢，我们怀疑他有心理缺陷。即使他逐渐发展到正常水平，受溺爱或受限制的感觉也不会消失。这些感觉会增加他应对新环境的难度。如果有人告诉我们某个孩子懦弱、粗心，那我们可以肯定他因此获得了他人的关注。

## 对孩子的性别教育

老师的首要任务是赢得孩子的信任，增强他们的信心和勇气。如果一个孩子比较笨拙，那老师首先应该确定他是不是惯用左手。如果一个孩子异常地笨拙，那老师应该确定他是不是真正了解了自己的性别角色。在女性家庭环境下成长的男孩、不喜欢与其他男性小伙伴一起玩的男孩以及被看作女孩且经常受到捉弄、嘲笑的男孩，他们习惯了自己的女性角色，成年后内心会形成巨大的矛盾。孩子不了解男性和女性器官的区别时会认为性别可以随意改变，但他们最终会知道我们无法改变自己的身体构造，于是他们根据自己想要成为的性别，从心理上形成男性或女性特征，以此来补偿身体上的遗憾。他们从着装和行为举止上表现出自己的男性或女性倾向。

有些女孩厌恶女性职业，其原因是她们认为这些工作没有价值，这是我们文明发展的失败。在很多领域男性拥有女性没有的特权，这种传统至今未消失。我们的文明明显倾向于男性，男性自认为自己具有的权力得到了社会的支持。在一些地方，与女孩的出生相比，男孩的出生会给一个家庭带来更多的喜悦，这对男孩和女孩的成长都造成了负面影响。女孩被自卑感笼罩，发展受到了限制，而男孩又背负了家人过多的期望。有些国家已经开始逐渐放开对女孩的约束，但在社会关系上，男女平等也还未实现。

我们担心，人类的心理状态会投射到孩子身上。孩子很难完全接受女性角色，由此引发的反抗常表现为任性、固执、懒散，这其实都与追求优越感有关。当孩子出现上述表现时，老师首先要判断这些女孩是否对自己的性别不满。

对性别的不满会逐渐扩大到生活中的其他方面，生活就会成为一种负担。我们偶尔会遇到孩子表达出想要在其他星球生活的想法，他们认为那里的人没有性别之分。在错误的思维下，孩子会出现各种荒谬的行为，或是形成冷漠的性格、产生犯罪甚至自杀倾向。而惩罚和漠不关心只会加重孩子的不满和无力。

我们如果能把关于两性区别的教育融入日常生活，循序渐进地将男女平等的思想传达给孩子，不幸的情况就可以避免。在大多数家庭里，爸爸的地位要高于妈妈。爸爸在家里拥有最大的权力，他制定规矩、指导着家里的大小事务，负责告知妻子和做最后决定。在孩子中，兄弟的地位要高于姐妹，他们嘲笑、批评家里的女孩子，导致她们讨厌自己的性别。心理学家知道，男孩嘲笑、批评女孩的行为源于他们内心的软弱。真正有能力和看起来有能力是完全不同的感觉。现在普遍存在的一个争议就是女性到目前为止没有实现什么大的成就，这个争议本身没有任何意义，因为社会在培养女性时的目标就与伟大二字毫无关系。男人把破洞的袜子扔给女人修补，努力说服她们这才是她们的工作。虽然大多数男性已经改变了这种旧习惯，但很多家庭在培养女孩时也没有期望她能实现什么非凡的成就。

社会一方面在降低女性的培养目标，一方面又谴责她们的碌碌无为，这体现了人们的目光短浅。想要改变现状绝非易事，爸爸甚至是妈妈，都认为男性特权是非常正常的事情，他们带着男尊女卑的观念养育自己的下一代。他们告诉孩子，男性拥有的权力高于女性，男孩要求女孩服从，女孩就要满足男孩的要求。要让孩子尽早知道自己的性别，了解性别无法改变这一事实。我们之前提到过，**有些女性对男性权力和优越地位抱有憎恨，憎恨到拒绝接受自己的性别，想要表现得像男性一样，**

**个体心理学将这种心态称为“男性钦羡”**。男女发育异常或不完全（女孩表现出男性身体特征、男孩表现出女性身体特征）等第二性征出现的问题，让他们在成人后会怀疑自己的身体性别。对身体性别的怀疑根植于个体内心深处，造成个体身体柔弱。身体未完全发育成熟的情况在男性身上比较显著，他被认为有女性特征。这种说法其实不正确，他只是更像一个孩子而已。在当今社会，我们普遍认为男性不仅身体要发育成熟，而且在其他方面也要比女性优秀，所以，身体未完全发育成熟的男性内心会具有深深的自卑感。对于女性，我们过于强调“美”，未完全发育成熟或长相一般的女性会对生活产生厌恶情绪，不愿面对生活中的各种问题。

性情、性格和情绪是第三性征。敏感的男孩被认为是女性化的，沉着自信的女孩被认为是男性化的。敏感、自信等特征都不是先天的，而是后天养成的。早期的性格特质被大脑记忆下来，成年后，孩子会记得自己小时候跟别人不一样，性格内向，或行为举止更像异性。他们根据自己对性别角色的理解决定个人的发展。

有关于性发育和性体验的程度则是更深入的问题。不同年龄阶段的孩子应被给予与年龄相匹配的性教育。保守估计，至少 90% 的孩子在父母或老师对他们进行性教育前就已对性问题有了一定的了解。关于如何进行性教育，我们没有一个严格的规定，因为我们无法预测孩子能够接受的范围、能够吸收的内容，以及会受到什么样的影响。**如果孩子向我们提问了有关性的问题，我们应该充分考虑他们当时的情况再进行解释**。我们不建议过早地对孩子进行性解释，虽然不一定会产生负面影响。

## 特殊家庭的教育

关于养子女或继子女的情况要更复杂一些。对于这两种类型的孩子，他们凭借特殊的家庭位置，把家人的优待看作是理所当然的事情，觉得家人任何严厉的行为或语言对他们都是不公平的对待。失去妈妈的孩子有时会非常依赖爸爸，如果爸爸再婚了，孩子觉得自己被抛弃了，拒绝与继母友好相处。有少数孩子把亲生父母看作继父母，说明了孩子对自己的父母不满，在批评、抱怨他们。很多童话故事都把继父母描写成邪恶的角色，所以继父母的名声一直不是很好。顺便提醒一下各位父母，许多童话故事并不适合孩子阅读。当然，我们很难完全避免孩子阅读这类书籍，毕竟孩子从童话故事中学到了大部分关于人性的内容。我们有必要在某些故事后加入正确的评论，而且要尽量避免孩子阅读充满残暴内容或扭曲他们想象的故事。童话故事中有不少描述强壮男人做出残忍行为的情节，它们向孩子宣扬“勇士要冷酷，不能心软”的精神，这是源于英雄主义情结的错误思想。男孩觉得作为男人不应该表现出同情。很难理解为什么大家会嘲笑人们温柔的一面，温柔是很重要的情绪，我们要恰当、适时地表现自己的温柔。

私生子的问题是我们面对的最难的情况。我们不应该让女人和孩子背负未婚生子的谴责，而让男人逍遥法外。在私生子问题上，孩子是最大的受害者。不管我们如何帮助这类“非法”孩子，也无法避免他们受到伤害，常识会告诉他们一切事情都不对劲。同伴会嘲笑他们，国家的法律又让他们的生活情况变得更加艰难，私生子的标签深深印在他们的身上。因为自身的敏感，他们经常与人争吵，对整个世界都带有敌意。不管是哪种语言，总有不堪入耳的侮辱性词汇来贬低私生子。在问题孩子和青少年罪犯中有很多都是孤儿和私生子，这其中的缘由显而易见，但我们不能把私生子或孤儿表现出来的反社会倾向归咎于天生、遗传的性情。

第9章

# 学校教育对孩子的影响

## 孩子入学的心理状态

孩子刚入学时，他们进入了一个全新的环境。就像其他新环境一样，观察孩子初入学时的状态，我们可以判断他们之前是否做好了充分准备。如果孩子之前经过了适当的训练，那他们会以正常状态通过学校生活的考验；如果孩子之前没有做好准备，那么其缺陷就会逐渐显现出来。

我们一般不会记录孩子进入幼儿园和小学阶段的心理准备程度，但如果真的有记录，它们会很好地解释孩子成年后的一些行为。“新环境测试”比普通测试，比如学校表现，更能说明问题。

孩子刚入学时应该做到哪些呢？在学校，孩子需要与老师、同学合作完成任务，还需要对各个学科感兴趣。通过孩子对新环境的反应，我们可以判断他们的合作能力和兴趣范围。通过观察孩子的态度、姿势和表情、听讲的方式，以及是用友好态度与老师相处还是与老师保持距离等，我们可以看出，他们喜欢哪些学科，他们是否对其他人的话语感兴趣，他们的兴趣点在哪里。

上述细节如何影响个体的心理发展，我们将在接下来的案例中做详细解释。本案例的主人公是一位男性，他向心理专家咨询自己在职业方面遇到的问题。回顾他的童年时期，心理专家发现，在他成长的家庭里，只有他一个男孩，其他孩子都是女孩；而且在他出生后不久，父母就去世了。快要入学时，他不知道自己应该选择女校还是男校。姐姐们都建议他选择女校，但没过多久他就退学了。我们可以想象一下退学会给他造成什么影响。

**孩子是不是专心学习各个学科，很大程度上取决于他们是不是喜欢任课老师**。保持孩子的专注度，及时发现孩子失去专注力或无法集中注意力的情况，这些都是老师应有的技巧。有的孩子刚进入学校的时候总是无法集中注意力。这其中大多都是在溺爱环境下成长的孩子，突然出现这么多陌生人，让他们眼花缭乱。有些老师比较严厉，他会认为是孩子的记忆力太差的缘故。但记忆力差这个问题并不像表面上看起来的这么简单，被老师批评记忆力差的孩子其实脑袋里想的都是其他事情。他有专注力，只不过必须像家里那样大家都围着他转才能集中注意力。他专注于自己是否受到宠爱，而不是功课。

如果被溺爱的孩子在学校与同学相处不融洽、表现差、考试不及格等，批评或责备的方式对他们起不到任何作用，他们的生活方式也不会因此而改变。相反，批评或责备的话语只能让他们相信自己不适合学校生活，他们会变得越来越悲观。

如果被溺爱的孩子喜欢自己的老师，他们很可能会成为优秀的学生。当条件有利于他们的时候，他们就会努力学习，但无法保证他们能一直受到老师的青睐。如果孩子转校了、换老师了，或者在某个学科上停滞不前（被溺爱的孩子一般不擅长数学），他们就会突然停止努力。他们已经习惯了他人的帮助，所以，一旦没有了帮助，便无法继续前进。家人没有教过他们如何独自奋斗，他们也不知道从哪里开始奋斗。他们缺少应对困难的耐心，也不会通过自己的努力取得进步。

什么样的准备才算是充分的入学准备？很多孩子未做好充分准备都是受妈妈影响。妈妈是第一个激发孩子兴趣的人，肩负着将孩子的兴趣引入正常轨道的重任。如果她没能完成自己的任务，其后果会体现在孩子在校的行为表现上，这种情况很常见。除了妈妈的影响，还会有其他家人带来的复杂影响——爸爸的影响、孩子之间的竞争，这两个因素我们已在前面的章节进行了分析。还有外界影响，比如不良环境和偏见等，这些我们将在下一章详细说明。

简而言之，既然有这么多的因素影响孩子的入学准备，那么单凭学习成绩就对他们妄下结论是不可取的，我们要通过学习成绩看到孩子当前的心理状态。这里的重点不是他们得了多少分，而是分数所反映的智力、兴趣、注意力等情况。虽然学校测验和智力测验等科学测验的内容结构不一样，但它们的作用是一样的。**我们要侧重看学校测验和科学测验反映的孩子的心理状态，而不是卷面上的分数。**

## 智力测试的意义

近几年来，所谓的智力测验已经发展得非常成熟了。老师很看重智力测验的结果，它们在有些情况下确实起到了重要作用，能够反映出普通测验无法反映出来的内容。智力测验偶尔还会成为学生的救星。有个男孩学习成绩很差，老师想让他降级，但他在智力测验中的得分却很高。最后，他不仅没有降级，反倒跳了一级。他觉得很有成就感，此后，行为举止都发生了很大变化。

我们不想刻意贬低智力测验和智商的作用，但如果真的对孩子进行了相关测验，检测结果应对本人和父母保密。父母和孩子不了解智力测验的真正价值，他们认为智力测验的结果具有决定性，可以预示孩子的命运。迷信智力测验的权威性会让孩子的未来发展受限。如果我们在现实生活中把智力测验的结果绝对化，结果一定备受争议。在智力测验中获得高分并不能保证孩子未来一定成功，而且成功的成年人在智力测验中往往拿不到高分。

根据个体心理学家的实践经验可知，孩子在智力测验中得到较低分数时，我们可以用正确的方法提高他们的分数。其中一个方法就是让孩子反复练习某一个智力测验，直到他们找到窍门，充分做好进行智力测验的准备。通过练习，他们不断进步，积累经验，在接下来的一系列测验中就能够拿到更好的成绩。

孩子在学校的日常生活中会受到怎样的影响，繁重的课程会不会给他们带来过大的压力？这些都是非常关键的问题。学校课程中的各个科目很重要，我们不认为学校必须减少讲授的科目。**学校要全面、连贯地讲授各个科目，让孩子充分了解所学科目的目标和应用价值，不要让他们只看到抽象的理论概念**。另一个备受争议的问题是，是应该引导孩子学习各种科目和真理，还是应该引导孩子的人格发展。个体心理学认为二者应该结合到一起。

我们在前面提到过，讲课方式应该有趣、具有实际应用价值。数学，包括算术和几何，可以用房屋的建筑风格和构造来解释。有些学科可以综合到一起讲授，在一些理念比较先进的学校，优秀的老师会利用学科间的内在联系讲授知识。老师在与学生散步途中发现他们对某些学科有着浓烈的兴趣，就会试着将讲授的内容结合起来，比如，将植物和植物的历史、当地的气候结合起来等。这种方式不仅激发了学生对某些不喜欢的学科的兴趣，而且还教会了学生用综合、联系的方式看问题，这也是教育的最终目的。

还有一个教育者不能忽视的因素，那就是孩子在学校感觉自己身处个人竞争中。理想的学校课堂应该是一个整体，孩子感觉自己就归属于这个集体。老师要让群体竞争和个人目标保持在合理范围内。孩子不喜欢看到同伴进步，要么不遗余力地超越同伴，要么原地踏步，进而悲观失望，带有主观色彩看待周围一切。这就是为什么老师的建议和引导非常重要，他的话语可以改变孩子的态度，让他们从竞争转变为合作。

我们还可以在班级内设学生自主管理制，不必等孩子完全做好自主管理的准备才制定类似制度。在开始阶段，可以让孩子先观察具体流程，或者以顾问的身份参与到自主管理制度中。如果在孩子没有做好准备的情况下就给予他们自主管理权，他们可能会给出比老师更严肃、严厉的惩罚，甚至利用自己的政治权力谋取私利、凸显自己的优越地位。

我们要同时从老师的角度和孩子的角度去看孩子在学校的进步情况。特别有趣的是，孩子在这方面的判断力非常准确，他们知道谁写字最好、谁画画最棒、谁体育最优秀。他们可以相互进行评价。有时也会出现不公平现象，但他们很快会意识到这一点，尽量保持公平。其中最大的问题是孩子会自我否定，例如他们认为“我永远追赶不上其他同学”。而事实上，他们有赶超他人的能力。我们必须告诉他们在自我能力的判断上出现了错误，否则，自我否定的思想将贯穿整个人生。总是自我否定的孩子一直在原地踏步，永远无法取得进步。

**大多数在校孩子的成绩水平几乎都保持不变，无论是优秀、较差还是中等**。孩子在学校所处的水平不能真实反映他们的大脑发育，但却反映了他们在心理状态上的惰性。经过几次测验后，孩子变得悲观起来，他们开始给自我设限。但我们发现，孩子的排名偶尔会发生变化，这一事实具有重要意义，它表明：孩子的智力水平并非一成不变。我们应该让孩子了解到这一点，根据自身情况让智力发挥其最大水平。

有一种错误观念普遍存在于老师和孩子中，那就是正常智力水平下的孩子取得的一些成绩被归功于家族遗传，我们要摒弃“能力是遗传的”这一错误观念。在孩子教育问题上，最大错误可能就是相信能力是可以遗传的。个体心理学首次反对能力遗传说法时，人们认为这不过是我们乐观的猜测，没有任何科学依据。但是现在越来越多的心理学专家和精神病学专家都开始放弃能力遗传的观点了。**父母、老师和孩子很容易把遗传拿来当借口。不管何时，只要遇到需要用努力来解决的困难，他们总能用遗传来推卸责任。我们没有权利逃避责任，任何让我们逃避责任的观点，我们都要对其保持怀疑态度。**

作为教育者，只要我们相信自己工作的教育价值，相信教育可以塑造孩子的性格，我们就不会接受遗传学说。当然，我们这里所说的遗传并不是指身体特征的遗传。器官缺陷以及生理机能的差异确实可以遗传给下一代。那么，连接生理机能和心理机能的桥梁到底在哪里？个体心理学坚持人的心理可以感知器官的能力范围并谨慎应对。有时候某些器官功能出现问题会让人心生恐惧，即使身体上的症状消失，心理上的恐惧感依然会存在很长一段时间。

人们总是喜欢追根溯源，寻找现象产生的原因。我们在评价人们取得的成绩时总喜欢用这种方式寻找他们成功背后的遗传因素，但如此得到的结论很具有误导性。追根溯源的最大问题是我们忽视了我们每个人有很多祖先，在画家谱时，每一个人都有父母两个长辈。如果向前追溯 5 代，那我们应该有 64 位祖先，在这 64 位祖先中一定有一位智商较高的人可以把聪明才智传给后代；如果向前追溯 10 代，那我们就有 4096 位祖先，我们一定能从中找到一位能力非凡的人。这位能力非凡的人对整个家族产生的影响就类似于一种遗传。我们也就能理解了为什么有的家族能够培养出更多能力较高的后代，原因很明显，这并不是由于生物学上的遗传作用，而是得益于整个家族的行事作风。就拿欧洲来说吧，在欧洲家庭中，子承父业的现象非常普遍。如果我们忽视社会制度，那遗传数据就会看起来很惊人。

## 如何看待孩子的成绩

继遗传问题后，影响孩子发展的另一大因素是孩子因为学校成绩较差而受到惩罚。如果孩子在学校成绩不好，老师就不会喜欢他们。他们在学校不开心，回到家后，父母又会发火责备他们。他们受到父母的训斥，说不定还要挨打。

学校老师要了解一张较差的成绩单带来的后果会是什么。有些老师认为把较差的成绩单拿给父母看能够刺激孩子更加努力学习，但他们忽视了环境较特殊的家庭。这类家庭的父母对孩子很严苛，所以孩子不敢把较差的成绩单拿回家，结果就是干脆不回家，或者在绝望之下选择自杀的极端方式。

老师虽然无法左右学校系统，但他们可以用同情和理解来缓和系统的非人性化。老师在对待家庭环境比较严厉的孩子时可以采取更温柔的方式，温柔的方式对孩子来说是一种鼓励，而不是把他们推向绝望。成绩较差的孩子心理压力比较大，周围人不断嘲笑他们是学校最差的学生，直到最后他们自己也相信了这种说法。试着站在孩子的立场来看，我们就能明白他们为什么不喜欢学校。这是人之常情，不管是什么人，在学校经常受到批评、学习成绩差、失去赶超其他同学的希望时，都不会喜欢学校，而是想要逃离。所以，看到成绩较差的孩子想要远离学校时，要冷静处理。

虽然因成绩差而逃学是意料之中的事情，但我们也应该意识到它的严重性。我们要知道，厌学情绪不是一个好的开端，尤其在青春期。厌学孩子开始用伪造成绩单、旷课等方式来保护自己。在逃学期间，他们遇到了和他们一样的人，结成小团体，在街上闲逛，最终走向犯罪道路。

其实逃学、青少年犯罪等现象在个体心理学的帮助下完全可以避免，我们不应该让孩子失去信心和希望。**我们一定要相信，总有一种办法可以帮助孩子。即使在最坏的情况下，也会存有希望，当然这需要我们去努力寻找。**

## 留级与跳级

留级也会给孩子带来负面影响。老师认为孩子留级对学校和家庭来说都是个麻烦。几乎在所有的案例中，留级都会对孩子产生一定影响。留级是一个长期性问题，反复留级的孩子经常落后于其他人，他们习惯于逃避，以至于问题总是得不到解决。

在什么情况下可以选择让孩子留级呢？我们很难给出明确的答案。有的老师很成功地避免了这个问题。他们利用假期时间对孩子进行适当的训练，找到并纠正其生活方式中存在的问题，从而使孩子免于留级。如果学校能设置特殊的辅导老师，那么这种方法就可以得到广泛的应用。

德国没有课外辅导的相关制度，在我们看来，这类老师并非是必要的。在公立学校，老师能近距离观察各个孩子，如果用正确的观察方式，他们可以比其他人更清楚地了解孩子情况。还有些人认为，一个班级容纳的孩子太多了，老师做不到了解每个人。但如果老师能够观察到孩子的入学情况，他们就会很快了解到孩子的生活方式，因此避免很多问题。即使人数众多，老师也能逐一了解。是否了解孩子决定了老师是否能有针对性地教育孩子。班级里人数过多并不是一件好事，我们应该尽量避免，但这也不是无法解决的问题。

从心理学角度看，最好不要每年都更换教师，更不要像有些学校一样，半年不到就更换教师。如果一位老师能 2 年、3 年甚至 4 年带同一个班级，不管从哪方面来说这都是最好的安排。老师有机会深入了解班级内的孩子，了解他们生活方式中存在的问题并予以纠正。

学校里经常出现孩子跳级的情况。对于跳级是否有益于孩子发展的问题一直存在争议。孩子对于跳级会抱有较高的期望，但很多时候这些期望都无法实现。可以考虑跳级的情况有两种，一是孩子年龄过大，不适合当前所处年级；二是孩子曾经留级后来又努力学习，并且进步迅速，各方面都有所提升。但我们不应该把跳级作为孩子成绩优异或博学多才的奖励。对于聪明的孩子来说，把一部分时间放在课外活动上更有益于他们身心发展，比如说画画、音乐等。优秀的孩子通过课内外结合的方式提升自己，其他孩子看到后也会受到鼓励，有益于推动全班发展。把班级里的优秀孩子都调走不是明智之举。有人认为，那些优秀又聪明的孩子应该总是被提拔的，个体心理学并不认可类似观点。优秀的孩子会推动整个班级向前进步，是其他孩子全方位发展的强大动力。

## 贫富差距与男女混校

我们又观察了学校里两种班级类型——重点班和差生班。我们很惊讶地发现，重点班里有一小部分孩子并不聪明，而差生班也不像人们认为的那样都是愚笨的孩子，但几乎都是来自贫困家庭的孩子。人们普遍认为贫困家庭的孩子学习较差，其实他们只是入学前的准备不充分而已。我们能够理解这其中的缘由，父母忙于养家糊口，没有时间和精力陪孩子，或者由于家境贫穷，孩子之前没有接受足够的教育。心理上没有做好准备的孩子不应该被分到差生班。对孩子来说，进入差生班就会被贴上差生的标签，他们会经常受到同伴的嘲笑。

在解决贫困家庭孩子面对的问题时，我们最好采用前文提到的辅导老师的方式。除了辅导老师，我们还应该设立相应的社团，孩子可以在社团中接受课外辅导，他们可以在社团里做作业、玩游戏、读书等。社团方式可以帮助孩子在自信中得到应有的培训，差生班的方式则会让孩子在悲观失望中学习。如果能在社团里配备足够的游戏场所，孩子就可以不必在街道游荡，从而远离不良影响。

男女混校是在教育实践中必须要讨论的问题。有人认为，我们应该从原则上推行男女混校制度，学校是女生和男生增进了解的最佳场所。但当我们提到男女混校制度，期望它能自行发展时，就出现问题了。男女混校的方式涉及一些特殊问题，需要经过慎重考虑，否则男女混校就会弊大于利。比如，人们经常忽略 16 岁以前女孩比男孩发育速度快，如果男孩不知道这一生理现象，单纯认为女孩超过了他们，那男孩会失去心理平衡，从而进入与女孩的毫无意义的竞争中。不管是学校领导还是班级老师，都必须对诸如此类的情况加以审慎考虑。

男女混校能顺利进行的前提是老师支持这一制度并且了解其中的问题。如果老师本身不支持男女混校，那这种系统对他们来说就是一种负担，他们的教育也不会成功。

如果男女混校系统没有受到合理的监管，孩子没有得到正确的引导和监督，很容易发生性问题，我们将在下一章详细介绍相关问题。本章需要指出的是，在学校进行性教育是一个非常复杂的问题。事实上，学校不是对性问题进行指导的恰当场所。因为当老师向全班孩子进行性教育时，他无法得知孩子会怎样理解他所讲述的内容。如果孩子私下向老师咨询相关问题，情况就有所不同了。比如，一个女孩向老师求证一些问题时，老师就应该正面、准确地回答。

## 孩子的学习兴趣

在上述的讨论中我们插入了一些教育管理方面的内容，现在回到问题的核心，我们认为通过找出孩子的兴趣所在，发现他们擅长的学科，我们就能找到正确的教育方式。一事成功，事事成功。不管是教育还是人生的其他阶段，道理都是如此。这句话的意思是，**如果孩子对某个学科感兴趣，并在该学科上取得了优异成绩，那他们就会受到鼓励，信心十足地继续做其他事情**。老师要善于将孩子的成功转化为前进的动力，将他们带往知识的海洋。我们所有人都要凭自己的努力实现从无知到博学，但孩子不知道如何靠自身力量提升自己。老师可以帮助孩子，在他帮助孩子时，他会发现孩子看到了自己努力的意义，也会做到全力配合。

上文关于培养学科兴趣的讨论也适用于孩子的感官培养。

我们要找出他们最常用的感官，以及什么类型的感觉最吸引孩子。有的孩子视觉最敏感，有的孩子则是听力最好，还有的动手能力最强等。近几年，技术型学校逐渐受到大家的欢迎，它们坚持理论与实践相结合的教学方式，把对学科的理论指导与对眼睛、耳朵和手的训练结合到一起。技术型学校的成功说明了，找出孩子喜欢使用的身体部位，利用这些兴趣点的重要性。

如果老师发现孩子喜欢用自己的眼睛，就应该意识到这类孩子对视觉化的学科更感兴趣，比如地理，接受起来也更容易，所以，孩子看课程讲解要比听课程讲解的效率高。老师要会从身体和感官的角度观察孩子，根据实际情况解决孩子问题。老师在初次见到孩子时可以观察到很多类似的信息。

简而言之，理想中的老师肩上承担着一项神圣又神奇的任务。他们塑造了孩子的精神世界，手中掌握着人类的未来。

但我们如何从理想过渡到现实？仅是设想理想的教育模式远远不够，我们需要找到让理想转化为现实的方法。很久以前，我在维也纳就开始寻找这种方法，我发现一种比较可行的方式，就是在学校设立咨询诊所或指导诊所。

设立咨询诊所或指导诊所的目的是将现代心理学知识应用到教育系统。这里的心理专家不仅掌握心理学知识，而且了解老师和父母的生活，他会和老师共同建立和完善咨询诊所。老师们拿着各自的案例汇聚到一起，共同研讨手中的问题孩子，包括懒惰、调皮捣蛋、偷窃等。老师负责对案例进行描述，心理专家用自己丰富的经验对案例进行分析。讨论由此开始，起因是什么？该情况是什么时候出现的？我们应该做什么？心理专家和老师共同分析孩子的家庭生活和整个心理发展过程。双方知识相互结合，团队最终制定出解决该孩子问题的方案。

下一阶段需要孩子和父母参与进来。首先确定针对妈妈的干预方式，把妈妈叫进房间来，与她单独沟通。心理专家向妈妈解释孩子出现问题的原因。妈妈了解后，从自身角度说说想法，并由此和心理专家展开讨论。一般情况下，妈妈很愿意听到关于自己孩子的所有表现，能主动配合心理专家。如果妈妈态度恶劣、持有敌意，老师或心理专家可以先讲述类似案例和其他妈妈的表现，直到她接受这种方式。

在确定给孩子的帮助方式后，把孩子叫进房间。老师和心理专家同时在场，心理专家与孩子进行沟通，但谈话主题不涉及孩子犯的错误。心理专家说话要条理清晰、娓娓道来，就像是在做讲座一样，客观地分析造成孩子未能正常发展的问题、原因和一些错误想法，一定选择孩子能听懂的方式。心理专家要向孩子解释“你为什么感觉自己不受欢迎而其他人受欢迎”“你如何失去信心”等问题。

这种方法已经使用了将近 15 年，受此培训的老师工作愉快，即使工作了 4 年、6 年，甚至 8 年，他们还是充满了热情。

孩子在诊所中更是收获颇丰，曾经的问题孩子被治愈，他们学会了合作、树立了自信。其他没有被叫到咨询诊所的人也是受益者。班级内发生的某种情况可能会恶化时，老师可以提议让孩子们勇敢地说出问题。老师负责引导讨论方向，孩子们全员参与，每个人都有机会表达自己的想法。他们开始分析问题原因，比如为什么会懒惰，最后得出某些结论。尽管这个懒惰的孩子并不知道大家讨论的就是自己的问题，但他也会从讨论中得到很多意想不到的收获。

心理学和教育学相结合可以实现很多可能性。心理学和教育学是同一事实下的两个阶段，属于同类问题。我们进行心理指导时需要了解人类内心活动的原理。心埋专家虽然了解人类心理，知道其工作原理，但还是需要用相关专业知识来引导心理，帮助个体实现更高、更大的目标。

第10章

# 外界环境对孩子的影响

## 经济条件对孩子的影响

个体心理学的心理观和教育观涵盖面很广，其中就涉及外界环境对孩子的影响。传统的内省心理学涵盖面较窄，为了弥补内省心理学的遗漏，冯特又创建了一门新的科学——社会心理学。而个体心理学同时关注个人和社会。个体心理学不会因为关注个人心理而忽视环境对心理的刺激，也不会因为关注环境而忽视环境对个人心理的重要影响。

**父母或老师都不应该认为自己是孩子唯一的影响者**。外界环境的影响就像浪潮一样涌进孩子的内心世界，直接或间接地塑造着孩子，换句话说，**外界环境影响着父母的思想，达到一定程度后，父母将影响施加给孩子**。所有影响都不可避免，因此，我们不能忽视外界环境对孩子的影响。

经济条件会对孩子产生影响。比如，有很多家庭世代为生活所迫，他们贫困潦倒，举步维艰。苦涩的生活让他们失去了积极向上的态度，以至于无法培养孩子树立健康、合作的心态。他们生活在人类社会的边缘，在这个区域的人们总是处于恐慌之中，也不具有合作精神。

而且，长时间的半饥饿或经济萧条影响着父母和孩子的物质生活，物质生活反过来又会影响他们的精神生活。战后时期在欧洲出生的孩子就受此影响。与前几代相比，这一代孩子的处境更艰难。除了恶劣的经济条件对孩子发展的不良影响，我们还要注意父母在生理卫生方面的无知所造成的影响。缺乏生理卫生知识常见于胆小、溺爱的父母，这类父母宠爱孩子，害怕孩子受一点儿苦。有时，他们很粗心，粗心到认为脊柱的非正常弯曲会随着孩子年龄的增长而自动消失，孩子也因此未及时得到医治。父母的做法当然是不正确的，特别是在医疗服务充足的城市。身体上的缺陷如果没有及时得到治疗，可能会导致更严重、更危险的疾病，也许会在孩子的内心深处留下伤疤。从心理学角度看，所有的疾病都是孩子心理健康的隐患，我们应该尽量避免。

如果隐患无法避免，那我们可以通过帮助孩子树立自信、培养他们的社会意识来减轻隐患可能给孩子带来的影响。事实上，如果孩子没有社会意识，那疾病一定会影响他们的心理健康。孩子在有归属感的环境下成长，严重疾病给他们带来的影响远比溺爱环境下成长的孩子小。

## 疾病对孩子心理的影响

过往案例显示，大多数患有百日咳、脑炎、舞蹈病等疾病的孩子都有心理问题。我们猜测是这些疾病引起了心理问题，但其实它们不过是激活了隐藏在孩子体内的性格缺陷。孩子在生病期间感觉到了自己具有的权力，他们发现原来自己能够对家庭成员发号施令，他们看到了因为自己生病给父母带来恐惧和焦虑。痊愈后，他们希望继续成为家人关注的中心，于是尝试用各种一时兴起的想法和要求控制父母。这种问题一般出现在缺乏社会化训练的孩子身上，他们争取一切机会来表现自己。

另一方面，有时疾病反倒会改善孩子的性格。就有这么一个案例，主人公是学校老师的孩子，排行老二。这位老师很担心自己的孩子，但无计可施。男孩经常离家出走，永远是班里最差的学生。有一天，就在爸爸想要把他送到少管所时，他被发现患有髋关节结核。这种疾病需要父母长期照顾。当孩子痊愈时，他成了家里最优秀的孩子。原来，男孩需要的不过是像生病期间父母给予的额外关心。他以前叛逆就是因为他认为自己生活在哥哥的阴影里，哥哥是那么聪明优秀、高高在上。既然自己不能像哥哥一样得到父母的喜欢，那不如选择反抗。但在生病期间，他发现父母也可以像关心哥哥那样关心自己，所以，他开始学着好好表现。

对于疾病，我们还要提到的一点是，孩子生病的经历会深深印在脑海中，生病的记忆又会对心理产生影响。孩子会很惊讶，甚至是震惊，世界上居然有重病和死亡。留在脑海中的记忆在孩子成年后会逐渐浮现出来，我们发现很多成年人只对疾病和死亡的话题感兴趣。有些人找到了正确的方式来发挥自己的兴趣——他们成了医生或护士。而有些人则一直胆战心惊地生活，疾病成了控制他们生活的噩梦，阻挡了他们从事有益工作的道路。我们研究了 100 多名女孩的档案发现，将近 50% 的人承认她们最害怕面对的事情就是疾病和死亡。

父母应该确保自己的孩子在童年时期没有过度受到疾病的影响。父母要帮助孩子做好准备，能够正确面对疾病和死亡，避免突然受到惊吓。父母还应该告诉孩子，**生活虽然会受到疾病的侵袭，但生命之路漫漫，我们应专注当下，努力活得精彩。**

## 家庭环境对孩子的影响

童年生活的另一个隐患是与陌生人、熟人或家人的朋友见面。在与这些人见面的过程中，常出现的问题是他们并不是真的对孩子感兴趣。他们只是喜欢逗孩子，或者做一些短时间内对孩子产生较大影响的事情，比如夸大地称赞孩子，让孩子觉得自己很了不起。在短暂的相处过程中，他们过度溺爱别人家的孩子，妨碍了父母对孩子的管教。这些都应该避免，陌生人不应该干涉他人父母的教育方式。陌生人很容易混淆孩子的性别，经常称赞男孩说“这女孩真漂亮”，或者相反。混淆孩子性别的情况也应该避免，原因我们在讲青少年的一章里已经做了详细讨论。

家庭的总体环境非常重要，它反映了一个家庭参与社会生活的程度。换句话说，孩子首先从家庭环境中了解到合作的概念。孩子如果生活在没有社交的家庭中，他们会在家人和外人之间划清一个明确的界限，就好像家和外部世界之间有一条不可逾越的鸿沟，他们会带有恶意地看待外部世界。在与世隔绝的家庭生活中，父母不鼓励孩子与他人建立社交关系，孩子会逐渐变得多疑、只关心自己的利益。与世隔绝的生活方式无疑阻碍了孩子的社会意识发展。

孩子在 3 岁时应该能够与其他孩子一起玩游戏，面对陌生人不会害怕。否则，孩子就会形成害羞腼腆、以自我为中心的性格，对其他人总是充满敌意。腼腆害羞、以自我为中心的特征多发生在被溺爱的孩子身上，他们总是排斥他人。

当孩子体现出缺乏社交的特征时，只要父母能够及时纠正他们，那他们后期的发展就会走向正规。在孩子三四岁之前，如果他们有一个良好的成长环境，例如，父母鼓励他们与其他小朋友一起玩，培养他们的集体观念，那他们就不会养成害羞和以自我为中心的性格，也不会出现精神性疾病和精神错乱。**与外界隔离、对他人不感兴趣以及无法与他人合作的人患精神错乱和精神性疾病的概率较大。**

既然我们在讲家庭环境对孩子的影响，那我们必须提到因经济条件发生变化而产生的一些问题。如果一个家庭曾经很富有，特别是在孩子很小的时候，然后家庭发生变故，经济条件大不如从前，那孩子将难以接受和适应，尤其是被溺爱的孩子，他没有做好面对经济条件发生变化的准备，而且在这种情况下他收到的关心也远不如从前。他怀念从前的衣食无忧和父母充足的关爱，对现在情况非常不满。

如果家庭突然变得富有，孩子的成长也会遇到各种问题。父母没有做好正确使用自己的财产的准备，特别是在如何养育孩子这个问题上。他们觉得自己有钱了，不用再过节俭的生活，于是，就想要给孩子一个衣食无忧的生活，想要宠爱甚至溺爱自己的孩子。这也就是为什么家庭突然变得富有后，孩子容易出现问题的原因。

如果我们正确培养孩子的合作精神，那孩子因家庭条件变化出现的心理问题就可以避免。这就好像是孩子的生活中有一扇敞开的门，孩子借此可以逃避关于合作的训练，我们一定要特别注意这一点。

对孩子产生影响的不仅是物质条件的突然变化，比如贫穷和暴富；还有心理状态的突然变化，比如由家庭情况而产生的心理偏见。偏见可能源于个人行为，可能是因为爸爸或妈妈做了一些社会不认可的事情，这时孩子的心理会受很大的影响。他们会在担心害怕中面对未来，想要躲避自己的同伴，害怕他人发现自己是涉事父母的孩子。

父母有责任为孩子提供阅读、写作和算术等学科的教育，除此之外，父母还应该为孩子打造一个健康的心理发展环境，这样他才能和其他人站在同一起跑线上。如果爸爸酗酒或脾气暴躁，那他一定会影响孩子。如果父母婚姻不幸福，或者父母经常吵架，受伤害的还是孩子。

童年经历会深深地刻在孩子心里，不会轻易被忘记。当然，我们可以通过培养孩子的合作精神来减轻痛苦记忆带来的伤害。但恰好就是那些童年处境给孩子带来了重重困难，使他们无法得到父母应该给予他们的关于合作的教导。这就是为什么近几年来学校开始大量建立儿童咨询诊所。如果父母因为这样或那样的原因未能尽到他们应尽的职责，那父母的任务就应该由经过心理专业培训的老师来完成，老师可以引导孩子走向更健康的生活。

## 社会整体环境对孩子的影响

除了来自个人生活环境的偏见外，还有来自国籍、种族和宗教的偏见。我们可以发现，后者不仅会影响受羞辱的孩子，还会影响羞辱者。实施羞辱的人变得自高自大而且傲慢，他们觉得自己属于高等群体，享有各种特权，但当他们试着使用自己的特权时，却总是以失败告终。

因国家和种族而起的偏见是战争的导火索，战争对全人类来说都是巨大的磨难，要想保持人类的进步和文化的完整，必须停止战争。老师的任务是要告诉孩子战争的真正意义，告诉他们战争不是随意用武器显示自身优越地位的方式。在文明社会中，我们不应该有挑起战争的野蛮想法。很多男孩在童年时期接受了军事理论教育，长大后也选择了参军入伍；除了参军人员以外，有很多人因为童年时期玩的战争游戏而心理发展出现了问题。他们在生活中就像战士一样，肩上扛着重担，永远学不会如何与周围人和谐相处。

在圣诞节和其他节假日期间，父母要特别留意孩子收到的玩具，武器类的伤害性玩具和战争游戏并不适合孩子玩，推崇暴力行为的书也不适合孩子阅读。

我们有很多种方式为孩子选择适当的玩具，但基本原则是：**我们选择的玩具要能鼓励他们在各项活动中学会合作、创新，游戏比现成的玩具更有益于孩子的发展**。任何孩子都可以参与到游戏中，并动手做一些事情，而孩子在玩玩具时，比如布娃娃、玩具狗等，他们不过是把玩一下，不如做游戏更能提升能力。还有一点，在对待小动物上，我们应该引导孩子把小动物看作人类的朋友，而不是一个玩具或是一个猎物。不害怕动物，不命令和虐待动物，才是与动物相处的正确方式。孩子对待动物残忍，那他们在与人相处时也会欺负弱小。当家里有小鸟、小狗、小猫等动物时，父母要告诉孩子动物像人一样有生命，也有疼痛感。与动物友好相处的过程也为孩子与他人进行社会合作打下了良好的基础。

## 亲人对孩子产生的作用

大多数孩子都有亲人，他们就生活在孩子的周围。首先是祖父母，这里我们要客观地分析他们所处的境况。在当前的文化中，祖父母的生活并不好。当人们年老后，他们应该有适合自己的发展空间，有适当的兴趣爱好，但社会的普遍情况是，老年人感觉自己被遗弃在角落。如果有更多的工作机会，他们也会更快乐，继续实现自己的价值，很遗憾我们的社会没有给予老年人这样的机会。我们不建议人们 60 岁、70 岁或者 80 岁时离开工作。与继续坚持工作相比，彻底改变一个人的生活节奏更令人难以接受。老年人明明有精力参与各种活动，但社会却早已将他们拒之门外了，没有给他们机会继续表现自我。结果是什么呢？社会对祖父母辈老人的态度最终影响了孩子。祖父母总是需要告诉大家自己还精力充沛，在这个世界上还有一席之地，这其实不应该由他们来告诉我们，这是他们应有的待遇。为了证明自己还有用，祖父母经常干涉孙子女的教育、过度溺爱孩子，用错误的方式证明自己还知道如何抚养孩子。

我们应该避免伤害善良、慈祥的老年人。社会应该为老年人创造更多的活动机会，并且让他们明白，孩子总归是要独立成长，他们不是任何人的玩具。另外，不要让孩子卷入家庭纷争。如果老人与孩子的父母起争执，无论赢或输都只是双方的事情，不要试图说服孩子站队。

在研究心理疾病患者的档案时，我们发现，大多数患者都曾在奶奶或爷爷的溺爱下长大。我们不难看出这其中的联系，祖父母的溺爱，或者由溺爱激起的其他孩子的敌意和嫉妒，是孩子罹患心理疾病的成因之一。很多孩子都认为“我才是爷爷最喜欢的孩子”，他们在日常生活中也要成为别人最喜欢的，否则就会感觉受到了伤害。

对孩子发展产生重要影响的还有亲戚家“聪明的兄弟姐妹”。他们在孩子眼中是特别讨厌的人。这些兄弟姐妹有时不仅聪明，而且还长得好看，反复在孩子面前提到这些聪明、漂亮的兄弟姐妹会给孩子造成困扰。但如果他们心理发展正常，有自信、有社会意识，他们就能了解那些优秀的兄弟姐妹不过是接受过更好的训练，只需要找对方法自己就可以超越对方。但大多数孩子都不会正确对待这个问题，他们只觉得兄弟姐妹的聪明是与生俱来的，而自己没有得到命运的眷顾，深感自卑。在这样的影响下，他们的整体发展也会出现问题。美貌是天生的，由遗传因素决定，但我们的社会却过度强调外表，孩子会苦恼于自己有一个漂亮的兄弟姐妹，在这些痛苦中，他们的生活方式也会出现问题。多年后，当时的那个孩子已经长大成人，但他们依旧能清晰感觉到自己童年期对长相漂亮的兄弟姐妹的嫉妒。

想要改变孩子对美貌的狂热追求，唯一方式是用健康的思想引导他们，告诉他们身体健康和优秀的社交能力远比美貌重要。但我们不能否认美貌的价值，如果可以天生丽质，我们肯定不希望自己相貌平平。在任何理性的评价中，我们都不能只关注一个人的某一个品质，这一个品质也不能作为人生的终极目标。在罪犯中既有长相丑陋的人，也不乏容貌出众的人，所以，理性而又美好的生活单凭美貌实现不了。拥有美丽容貌的孩子是如何一步步走向犯罪的？他们知道自己有帅气的外表，认为一切都会折服于自己英俊的面容。他们没有做好应对生活的准备，选择了不劳而获的道路，但他们终究会发现只有付出努力才能解决问题。正如诗人维吉尔所说，“堕落其实是再容易不过的事情”。

## 儿童读物对孩子的作用

接下来我们要说的是关于孩子阅读的问题。我们应该给孩子什么类型的读物呢？我们应该怎样看待童话故事呢？阅读问题的关键是，孩子看待事物的方式与成人完全不同，而我们却总忽视这一点。还有就是孩子只关注自己感兴趣的内容。如果他们是胆小的孩子，那他们在童话故事中只会发现与胆小有关的内容，这些内容让他们更加害怕危险。**我们应该对童话故事里的段落内容进行解释和标注，这样孩子才能放弃主观推断，客观地了解故事内容。**

阅读童话故事是一种愉快的体验，即使是成年人也能从中获益。关于童话故事，有一点我们需要注意，孩子对故事里的时代和地点非常陌生，童话里讲的都是不同时代和不同文化的故事，很少有孩子能真正理解它们之间的区别。他们读了一篇不同时代背景下的童话故事，但他们并不会用当时的价值观来看这篇故事。故事中总会出现一位王子，王子受人称赞、完美无瑕，他的整个形象都非常吸引人。故事中所描述的生活根本不存在，它不过是一种虚构的理想状态，而理想中大家都会爱戴王子。我们应该告诉孩子真实情况，告诉他们看似神奇的世界不过都是虚构的；否则，他们会一直寻找捷径，就像某个 12 岁的男孩，当有人问他长大后的理想时，他的回答却是“魔法师”。

如果我们可以用恰当的方式向孩子讲述童话故事，那它就可以作为我们向孩子传递合作精神的桥梁，同时也可以丰富孩子的人生观。至于电影，有人说我们可以带着一岁的宝宝去看电影，但大一些的孩子就有所不同了，他们会对一些画面产生误解，即便是关于童话故事的话剧，也会出现理解错误。有一个 4 岁的孩子在剧院看了一场《白雪公主》话剧，多年以后他依然认为世界上有卖毒苹果的女人。很多孩子不能正确理解电影故事的主题，或者他们过于片面地总结电影故事。父母应该向孩子进行详细解释，让孩子正确理解影片情节。

报纸是一个不会影响孩子的外界因素。报纸面向的是成人读者，它不会从孩子的角度去分析问题。不过在有些地方，也有专门面向孩子的报纸，报道的都是正面消息。但普通报纸会展现生活中丑陋的一面，未做好准备的孩子看到后会受到影响。孩子会认为我们的生活充满了谋杀、犯罪和交通事故，关于交通事故的报道尤其影响孩子的情绪。我们从很多成年人口中得知他们在童年时期非常恐惧火灾，以至于成年后也深受这种恐惧影响。

上述例子只涵盖了部分外界环境影响，是父母和其他教育者都不可忽视的影响。本文中提到的外界环境影响非常重要，它们说明了孩子教育涉及的基本原则。个体心理学家一次又一次地强调了两个需要特别注意的名词：“社会兴趣”和“自信”。在其他问题上我们也需要注意孩子的社会兴趣和自信。

第11章

# 青春期与性教育

## 青春期孩子的典型表现

关于青春期的书数不胜数，所以，青春期话题的重要性不言而喻，但它又不同于人们普遍的想法。青少年虽然年龄相似，但性格各不相同，有的拼搏努力、有的笨手笨脚、有的干净整洁、有的却邋遢不讲卫生等。我们还发现有的成年人甚至老年人的行为举止像青少年。从个体心理学的角度看，成年人、老年人的行为举止像青少年的现象并不奇怪，不过就是某些成年人的发展停留在了某个阶段。个体心理学认为，青春期是个体都要经历的发展阶段，任何发展阶段或任何情况都无法改变个体，但我们可以把不同的发展阶段或各种情况看作对个体的测试，就像我们在前面章节提到的新情况一样，这些测试会暴露个体在过去形成的性格特征。

我们来看一个案例，有一个孩子，在他童年时期时，父母对他管教很严，男孩没有享受过太多的自主权，也不会主动表达自己的想法。步入青春期后，他的心理和生理都出现了快速的发展，此时他就像是挣脱了束缚一样，进步迅速，人格也在健康地飞速发展。与这类孩子不同，有的孩子会停下来、回顾以前。总是沉浸在过去让他们迷失了方向，他们找不到生活的乐趣，由此变得沉默寡言。他们没有选择在青春期释放那些童年时就被压抑的能量，父母的过度照度，使他们丧失了迎接新生活的机会。

青春期是了解一个人生活方式的最佳时期。原因就是，与童年相比，青春期是更接近社会生活的时期。在这个时期，我们可以更清楚地了解他如何对待生活、是否可以正常交朋友、是否拥有社交兴趣。

青少年不但会有社交兴趣，有时还会以非常夸张的形式表现出来。我们就遇到过完全失去平衡的青少年，他们只想着有一天能够为了他人牺牲自己的生命。他们在社交方面过度调整自己以迎合他人，自身发展也会因此受阻。我们都知道，如果一个人真的关心他人，想要为了大家共同的目标而努力，他首先要做的是照顾好自己。如果付出真的有意义，那他必须有能力付出。

另一方面，也有很多 14 ~ 20 岁的青年人感觉自己没有社交。14 岁时，他们离开了学校，与之前的老同学失去了联系，他们需要花很长的时间交到新朋友。在此期间，他们感觉很孤单。

前面说的是青少年的社交问题，接下来我们要说的是工作问题。青春期依旧最能说明问题，它揭示了青少年在生活方式中形成的态度。有些青少年发展正常，他们独立、做事出色，而有些青少年会在此间停滞不前。

其实，上述状态不是在青春期形成的，只不过在青春期出现了。孩子在童年时期的发展决定了他们在青春期的状态。在童年期时，由于父母的看管和保护，孩子的自我表现受到了限制；相比之下，孩子在青春期有了更多的自由，真正了解一个孩子的人可以预见他在青春期的表现如何。

现在我们来看人生的第三个基本问题：恋爱和婚姻。青少年对第三个基本问题的回答反映了人格的哪些方面？孩子处于青春期之前的回答和处于青春期时的回答存在一定关系，不过，随着孩子的成长，心理活动也相应增强，他们在青春期给出的答案会更清晰。我们发现，有些青少年清楚知道自己该如何做，在爱情问题上他们要么很浪漫，要么非常勇敢。不管怎样，他们都找到了对待异性的正确方式。

还有另一种极端情况，有些青少年对待性问题非常害羞，归根结底还是因为他们缺少充分的准备。根据青少年在青春期表现出来的人格问题，我们可以判断他们成年后的行为方式。如此一来，我们就知道如何改变他们的未来了。

有的青少年会对异性表现得非常抗拒，如果回看他们的童年生活，就会发现他以前很可能是一个争强好胜的孩子。或许他会因为别人的优秀而感到闷闷不乐，所以，他认为自己要更加坚强地往前走，一定要表现得高高在上，拒绝其他一切情绪。他对性的态度反映了童年时期的经历。

处于青春期的孩子总想要离开自己的家，远走高飞。这可能是因为他们对自己的家庭环境不满意，第一次渴望着有机会挣脱家庭的束缚。他们不想要父母的帮助，虽然这种帮助不管对父母还是对孩子都是最有利的安排。否则，孩子在成长过程中出现问题时，父母没有给予帮助可能就成了他们失败的借口。

有些青少年虽然在家生活，但他们会利用每一次机会在外过夜，想要离家的倾向在这类孩子身上也有体现，但程度较轻。虽然晚上出门参加一些娱乐活动肯定要比安静地待在家里更有吸引力，但在外过夜的想法从某种程度上也暗示了孩子不喜欢自己的家，说明他们在家里没有自由，总是受到父母的管教和监视。在这样的恶性循环下，他们没有机会表达自己的想法，也无法发现自己对父母和家的误解。这对青春期来说不是一个好的开端。

青春期的孩子比较敏感，他们很容易感觉自己不如以前受到大家的喜欢。他们可能在学校曾是优秀的学生，受到老师的欣赏和喜爱，但突然转去一所新学校、进入一个新环境后，情况就不同了。曾经的优秀学生，到青春期时就不一定继续保持优秀的状态。他们感觉自己发生了变化，但事实上根本就没有发生任何变化，只不过新环境能够更真实地反映他们的性格。

**预防青春期问题的最佳方法之一就是建立友谊。对于青少年来说，他们就是彼此最好的朋友和同伴。不管是家人还是老师，都应该像朋友一样与他们相处，彼此信任。获得孩子信任的父母和老师在青春期不会受到他们的排斥，能够继续对他们进行引导。**在父母和老师的照管下，他们也会成为一个富有同情心的人。还有一种父母和老师，没有获得青春期孩子的信任，孩子会立刻将他们拒之门外，完全看作外人，甚至是敌人。

## 青春期孩子的性别差异

对于女孩来说，进入青春期后，她们很容易开始讨厌自己的女性角色，开始模仿男孩。与勤奋刻苦的优良品质相比，她们更容易模仿青春期男孩的不良习惯，比如，抽烟、喝酒、拉帮结派等。而且，女孩会找借口说："如果我们不这么做，男孩就不会喜欢我们。"

通过分析青春期女孩的男性钦羡心理，我们发现，这类女孩从童年时期就不喜欢自己的女性角色。只不过在此之前她们的这种讨厌情绪都隐藏起来了，到了青春期，女孩对女性角色的厌恶逐渐表现出来。所以说，观察女孩在青春期的行为非常重要，我们可以找出她们对自己未来的性别角色的态度。

青春期的男孩喜欢扮演成熟男人的角色，聪明、勇敢、自信，也有的男孩不敢面对自己的问题，不相信自己能够成为真正的男人。如果在童年时期他们没有得到关于男性角色的正确教育，之前的教育问题就会在青春期显现出来。他们变得女性化，行为举止像女孩一样，甚至会模仿女孩的坏习惯，比如，轻佻、矫揉造作等。

除了男孩女性化这种情况外，有些男孩还表现出了非常幼稚的特征，典型表现就是过量饮酒和无节制的性生活。有时他们甚至会为了展现自己的男子气概而进行犯罪。这些不良习惯常见于想要优越地位、想要成为头领、想要惊艳同伴的男孩身上。

这类男孩虽然看起来勇敢、有抱负，但他们内心深处还隐藏着懦弱。在美国就有一些相关例子，比如，希克曼、利奥波德、勒布。查看这三个人的经历后，我们发现他们并没有为正常生活做好准备，他们追求的是一种投机取巧的生活，总想要轻而易举地获得成功。他们积极活跃，但缺乏勇气，这两种矛盾性格结合到一起后很容易引发犯罪行为。

## 父母在孩子青春期的重要作用

很多孩子打父母的事件就发生在青春期。表面上看好像是孩子突然发生了变化，而实际原因在于他们行为背后隐藏的统一人格。在了解了以前的情况后，我们意识到孩子本身的性格并没有发生变化，只不过处于青春期的他们变得更强壮了，能够做的事情也更多了。

还有一点就是，在青春期时，所有孩子都感觉自己面临着考验，他们认为自己必须证明自己不再是孩子了。这种感觉非常危险，每一次人们感觉自己必须证明什么的时候，就是陷得最深的时候。处于青春期的孩子也是同样的状态。

**自我证明是青春期里最常见的症状，消除这个症状的办法就是向青少年解释，他们不需要向任何人证明他们不再是孩子，真正的成长不需要那些证据**。通过这样的沟通，我们可以避免青少年做出那些极端的行为。女孩会出现的问题则是，有的女孩很容易放大男女关系的重要性，沉迷于与男孩交往。这些女孩认为自己受到了约束（也许真的受到了约束），经常反抗自己的妈妈。为了伤害妈妈，她们可以与认识的任何男人发生关系。一想到妈妈发现时的痛苦，她们就很高兴。很多青春期女孩在与妈妈吵架或因为爸爸过于严厉而离家出走的过程中与男人发生了第一次性关系。

讽刺的是，有的父母缺少心理学相关知识，他们认为严加管教会让女孩变得听话懂事，但往往适得其反。问题在于父母，而非孩子，父母没能正确帮助女孩做好面对生活中各种情况的准备。在孩子进入青春期之前，父母过于保护她们，正因为如此，她们没有形成面对青春期问题的判断力和自立能力。

有时候问题没有发生在青春期阶段，而是发生在青春期之后的婚姻生活当中，但道理基本相同。这些女孩很幸运，在青春期时没有遇到不利情况，但不利情况早晚都会发生，还是应该让孩子做好准备。

这里我们用一个案例来详细说明青春期女孩会出现的问题。案例中的女孩当时是 15 岁，来自一个贫困的家庭。她有一个经常生病的哥哥，妈妈为此总是在哥哥身边照顾他。女孩从童年时期就留意到妈妈把更多的精力放在了哥哥身上。情况更加复杂的是，在她出生的时候，爸爸也不幸患病，妈妈不得不照顾爸爸和哥哥两个人。女孩同时从爸爸和哥哥身上看到了照料和关心意味着什么，所以，得到他人的照顾和喜爱成了她内心深处最强烈的渴望。她在家人当中找不到被喜爱的感觉，而且，妹妹的出生剥夺了她仅有的家人的关注。命运好像在故意捉弄她，随着妹妹的出生，爸爸的身体居然逐渐恢复了健康，全家人都非常高兴，因此，妹妹在婴儿期比她受到了更多家人的关注。孩子都会敏感地注意到父母对待各个孩子的差别。

为了获得家人对她的关注，女孩在学校非常的努力，她成了班级第一，她的优秀让她能够继续在学校学习，顺利升到了高中。升入高中以后，她的生活又发生了变化。她的学习不再像从前一样优秀了，原因是新老师不了解她，不像以前学校的老师喜欢她。她非常渴望获得他人的喜欢，而新学校和家里都不能给她被爱的感觉，所以，她开始到别处寻找他人的喜欢。她在学校外边遇到了喜欢她的男人，与他在一起生活了两周，后来，男人厌倦了她。我们可以预测一下接下来会发生什么：她意识到这不是她想要的喜欢。与此同时，家人也开始担心起来，开始出去寻找她。家人突然收到她的信，信上写道："我服毒了，不过不用担心，现在的我很快乐。"她没有寻找到快乐，也没有获得他人的喜欢，一无所获后她想到了自杀。但其实，女孩没有真的自杀，她只是利用自杀来威胁父母，想用极端的方式获得父母的原谅。她继续在街上混日子，直到妈妈找到她，把她带回家。

如果女孩能够意识到她的整个人生都在追求获得他人的喜爱，并受此控制，那所有的不幸都可以避免了。而且，如果高中老师能够意识到女孩一直学习成绩优秀，她所要求的不过是老师的喜欢，那悲剧同样可以避免。在这一连串的事件中，不管在哪个时间节点，如果父母或老师能够正确处理女孩的问题，都可以阻止她的堕落。

## 恰当的性教育

性教育对于青少年来说至关重要，性教育的话题在社会各界被过度强调，有些人甚至到了偏执的状态，他们不断夸大性无知的危害，认为性教育应该贯穿整个人生。其实我们过去也没有接受过完整的性教育，但也没有遇到过像他们强调的性教育缺乏带来的危险和困难。

根据个体心理学的经验，我们应该在孩子两岁的时候告诉他/她：他是一个男孩或她是一个女孩。同时还要告诉他们，我们无法改变自己的性别，男孩将来会成长男人，女孩将来会成长女人。如果我们做到了这一点，那缺少其他相关知识就不会那么危险了。如果我们能让孩子清楚知道，女孩有女孩的教育方式，男孩有男孩的教育方式，那性别角色在他们意识里就会固定下来，自己也会正常地发展自己的角色并为之做好准备。然而，如果他们认为性别可以改变，那问题就来了。如果父母总是表达出想要改变他们性别的想法，也会对他们造成影响。《孤寂深渊》（*The well of Loneliness*）一书就完美诠释了父母对孩子的影响。父母经常像教育男孩一样教育女儿，像教育女孩一样教育儿子。出于好玩，他们还会让孩子穿着异性的衣服拍照。有的女孩外形外貌酷似男孩，周围人就开始叫她“假小子”。本来可以避免的情况，却给孩子造成了混乱。

我们应当避免贬低女性、抬高男性的内容，要向孩子传递男女平等的思想。这可以防止女孩形成自卑情结，也不会对男孩产生不利影响。如果我们告诉男孩他们的地位高于女孩，那他们很可能只把女孩看作欲望的对象。如果男孩能明确自己的责任，他们就能正确地看待男女关系。

换句话说，**性教育不只是向孩子解释性关系的生理方面的内容，它还涉及帮助孩子做好适当的准备，端正他们对爱情和婚姻的态度**。性教育与社会适应性密切相关。如果一个人无法适应社会，那他就不会认真对待性问题，会自我放纵地看待所有事情。类似的情况经常发生，它也反映了我们的文化存在缺陷。在我们的文化中，与女人相比，男人更容易站到领导位置上，这对女人来说不公平。但男人也面临他们的问题，在这虚构的优越位置上，他们接触不到那些最根本的价值观。

至于性教育的生理内容，没必要让孩子过早接触。可以等他们对性问题比较好奇，想要知道某些内容的时候，再进行相关的解释。如果孩子比较害羞，不敢主动问性相关问题，父母又对孩子比较了解，那父母本身就知道什么时候应该主动对他解释相关内容。如果孩子把父母看作朋友，那他会主动提问，父母要用适当的方式回答相关问题，避免出现刺激孩子性冲动的回答。

对于孩子过早出现性本能的表现，不用过于担心。人的性发展早在刚出生的几周内就开始了。我们可以肯定，婴儿也能体验到性器官带来的快感，他们有时还会人为地刺激自己的性器官。在看到孩子有这类行为迹象时，不要害怕，只要默默地转移孩子的注意力即可，通过转移注意力的方式打断他们的行为。如果孩子发现我们在他们刺激性器官这件事情上的关注和担忧，那他们为了获得关注就会刻意继续进行这些行为。他们的行为让我们认为他们是性冲动的受害者，但其实这只是他们寻找到的用来炫耀的工具。总的来说，婴幼儿会通过把玩自己的生殖器来获得父母的关注，因为他们知道父母很在意他们做出类似行为。与孩子装病的心理一样，因为他们意识到生病的时候父母会更宠爱和爱护他们。

我们不要过多亲吻、拥抱孩子，避免对青春期的孩子产生刺激，同时也要避免给孩子带来精神上的性刺激。还有一种常见的情况是，孩子在爸爸的读物里发现一些具有性刺激的图片，我们在心理诊所中经常遇到这样的案例。实际上，我们不应该让孩子接触超越其年龄理解水平的性相关书籍，也不应该带他们看性主题的电影。

如果能避免以上各种形式的过早的性刺激，那就可以不用担心了。我们只需要在正确的时间，用正确、简单的方式回答孩子的性问题即可，不要刺激孩子。除此以外，我们一定不要在性问题上欺骗孩子，这样做才能获得孩子的信任。如果孩子信任父母，他们就不会相信从同伴那儿听来的解释，而是会选择相信父母的说法，要知道大概 90% 的孩子都是从同伴那儿了解到性知识。在向孩子解释性问题方面的内容时，含糊其词的方式不可取，父母要相信自己与孩子之间的友谊，坚持采用合作方式，这一点很重要。

过多或过早体验性经历的孩子在成年后一般都会出现性冷淡的情况，所以，我们要避免让孩子了解父母的性生活，如果可以，父母与孩子最好不要睡在同一个房间，特别是同一张床。而且，家里的男孩与女孩也不应该共享同一个卧室。父母要时刻留意孩子是否行为端正，同时注意外界环境的影响。

本章中，我们总结了性教育问题的最重要的几点。同其他教育阶段一样，家庭内的合作精神和成员间的友好关系起着决定性的作用。要想让孩子做好充分准备，勇于面对成长过程中的所有危险，以健康的方式做自己应该做的事情，我们就要培养孩子的合作精神，传授他们性别角色的相关知识，帮助他们树立男女平等的思想。

第12章

# 勇气与自信心

## 孩子因何失去自信

在孩子成长过程中，父母或老师要尽量避免打击孩子自信心。不要因他们的努力没有立刻获得成功就对他们失去希望，不要因他们一时的垂头丧气、怠惰因循就认为他们注定会失败。我们也不能听信“有的孩子有天赋有的孩子没有天赋”这样的说法。个体心理学认为，**想要刺激孩子心理机能的发展，我们就要给予他们足够的勇气，帮助他们树立自信，告诉他们不要把困难看作不可逾越的障碍，困难存在的意义就是被战胜和解决**。努力不一定会换来成功，但成功一旦到来，之前的失败就不值一提了。接下来我们讲述一个案例。

案例中的孩子是 12 岁，上小学六年级。他成绩差，但他却一点儿也不在乎。他有一个非常不幸的童年，由于患有佝偻病，他 3 岁时才学会走路。快满 4 岁的时候，他只会说简单几个字。4 岁时，妈妈带他去看心理专家，专家认为男孩没有治愈的可能性。妈妈没有接受这样的结果，她把男孩送到了儿童引导机构，机构没有起到多大作用，孩子的发育速度依旧很缓慢。当男孩 6

岁时，机构认为男孩可以去上学了。在学校的前两年，男孩在家里接受课外辅导。在课外辅导老师的帮助下，他才能通过学校考试，勉强完成了三年级和四年级的学业。

男孩在学校和家里的情况大致如下：在学校里，男孩以懒散出名，他抱怨自己无法集中注意力，也无法静下心来听人说话。他与同学的关系疏远，总是表现得不如他人。在所有同学中，他只有一位朋友，他很喜欢自己的朋友，经常与朋友一起散步。他觉得其他同学很难相处，不想跟他们一起玩。老师称男孩不擅长算术，也不会写字。虽然如此，老师还是相信他和其他同学一样有能力实现自己的目标。

综合考虑了男孩过去的情况以及他现在具有的能力后，我们认为男孩得到的治疗是在诊断错误的基础上进行的。男孩深受自卑感的影响，简单来说就是他有自卑情结。他有一个哥哥，各方面都很优秀。父母总说哥哥不用学习就能进入高中，他们也喜欢对别人说自己的孩子不需要太多学习就能取得优异成绩，孩子也以此为荣。我们都知道，只有学习，才能获得知识。实际上，哥哥在上课时认真听讲、注意力集中，大脑随时记忆听到、看到的内容，所以，他在学校就完成了大部分的学习任务。而那些在学校注意力不集中的孩子不得不回家继续学习。

两个孩子是如此的不同！男孩觉得自己不如哥哥，一直生活在这种压抑的情绪之下。妈妈在生他气时经常说“哥哥比你优秀”这样的话，哥哥也总是叫他“傻瓜、笨蛋”。当弟弟不服从哥哥的时候，哥哥总是对他拳脚相加。在深入了解情况后，可以看出：男孩认为自己不如别人。生活中发生的事情似乎肯定了他的想法：同学嘲笑他，功课总是错误百出，上课无法集中注意力。他害怕生活中的每一个困难。老师偶尔会说，他不属于这个班级，也不属于这个学校。生活在这样的环境下，男孩难免也会认为自己的处境无法改变，周围人对自己的评价是对的。一个孩子如此没有自信，对未来如此失望，这本身就是一件非常可悲的事情。

我们用轻松愉快的方式与男孩交谈时，他却紧张得身体颤抖、面色苍白，但我们并不是因为这种紧张表现而认为他对自己失去了信心，而是通过一个非常小的细节，这个细节在任何心理咨询中都不应该被忽视。当我们问他年龄时（我们知道他 12 岁），他的回答是“11 岁”。鉴于大多数孩子都准确知道自己的年龄，所以，他的回答绝对不是无意中犯下的错误，我们可以肯定这类错误有它内在的原因。将他过去的生活经历和他的回答联系到一起后，我们认为他正在尝试捕捉过去。他想要回到从前，回到比现在的他更弱小、更需要帮助的时候。

我们根据已知的情况重建了他的生活体系。男孩不想通过完成他这个年龄应该完成的任务而获得心理上的解救；而是认为自己应该表现得不如其他同龄人发展全面，没有能力与他们竞争。感觉自己落后于他人的这种状态清晰地表现在了故意把年龄说小一岁的行为上。还可能发生的情况是，他的回答虽然是“11 岁”，但在某些环境下，他却表现得像 5 岁的孩子。男孩沉浸在自卑感中，并且试图调整自己所有的行动以符合所谓的落后状态。

他白天的时候还会尿裤子，无法自主控制大小便。当一个孩子认为自己还是小婴儿时，他就会出现上述症状。这也肯定了我们的想法，男孩依恋过去，如果可以，他想回到过去。

在他出生之前，家里就有一位家庭女教师。男孩出生后，她非常宠爱男孩，抓住一切机会取代妈妈的位置，表现得像是男孩的精神支柱。根据这一情况，我们可以得出更深入的结论。我们了解了男孩的生活方式，他不喜欢早起。通过家人对他起床情况的描述，我们知道这是一种厌恶情绪的表现——他不想去学校。男孩与同学相处不融洽、自身感觉压抑、不相信自己能够做成任何事，在这种情况下，他一定不愿意去学校。所以，他根本不想按时起床。

但是，家庭教师却说他想去学校，因为他生病的时候，反倒会早起。早起的现象与我们做出的结论并不冲突。现在的问题是，为什么家庭教师会犯这种错误呢？男孩的情况非常清晰地展现在了我们眼前。当男孩生病的时候，他就说想去学校，因为他知道家庭教师肯定会拒绝他的要求，跟他说：“你生病了，不能去学校。”他的家人不了解这其中的矛盾，也不知道如何改变男孩。我们也发现家庭教师根本不了解这男孩到底在想什么。

家长决定带孩子来向我们进行心理咨询是有原因的。男孩从家庭教师那里拿钱去买糖果，这其实也是婴幼儿的表现。拿钱买糖果是典型的幼稚行为，婴幼儿才会用这种方式去买糖果，因为他们无法控制自己对糖果的渴望、无法控制自己的身体功能。**幼稚行为的心理学意义就是，“你必须监督我，否则我就会淘气”**。男孩因为自身缺乏自信，所以他不断地制造麻烦以获得他人的时刻关注。当我们比较他在家里和在学校的情况时，我们发现了这其中的联系。在家里，他能够获得家人的关注，但在学校就不一样了。那么问题来了，谁能纠正他的行为呢？

## 如何重塑自信

我们见到男孩的时候，老师认为他是低于平均水平的差生，但他根本不应该这样被老师分类。他是一个正常的孩子，只要他重获信心，他就能像其他同学一样有能力完成自己的任务。他习惯了悲观看待所有事情，在没有付出行动之前就接受了失败的结果。他不自信的态度表现在每一个行为上，老师在评价报告中也肯定了这一点：“无法集中注意力、记忆力差、注意力涣散、没有朋友等。”他悲观失望的情绪很明显，周围人都能看到，想让他改变自己的心态绝非易事。

完成个体心理学调查问卷后，我们开始了咨询环节。我们与男孩和涉及的其他很多人都进行了沟通。首先是妈妈，妈妈很久之前就放弃他了，认为他无可救药、毫无希望，勉强地维持他的学习，以便他将来能找到一份工作。其次是哥哥，哥哥总是瞧不起弟弟。

“长大后你想要做什么？”男孩肯定无法回答这个问题。不知道自己的理想这一特征不太常见。12 岁的孩子真的不知道自己将来想要做什么吗？对此我们表示怀疑。大多数人成年后都没有从事他们小时候梦想的工作，不过这不重要。起码他们有自己的想法，有努力的方向。在童年时期，孩子会想要成为司机、警卫、售票员等任何他们看得见且符合他们稚嫩的价值观的职业。如果孩子没有一个实质性的目标，那我们可以怀疑他们想要逃避未来，回到过去。

逃避行为似乎与个体心理学的基本观点之一相矛盾。我们总是在强调孩子具有追求优越感的特征，我们也总是在尝试证明每一个孩子都想要展现自己比他人强大，能够做出某些惊人的成绩。突然间眼前的男孩的表现似乎正相反，他想要回到过去，想要回到童年时代，想要他人帮助、支持自己。我们该如何解释这种现象呢？人类的心理活动非常复杂，它们有着复杂的背景。如果我们对本身就非常复杂的情况做出很浅显的结论，那出错的概率会很大。复杂情况里布满了各种陷阱，没有辩证性的思考，我们很容易得出与事实本身相反的结论，除非我们真正了解事情的来龙去脉，比如，认为男孩努力想要回到过去，是因为在过去他最强大也最安全。事实上，这些孩子误打误撞反倒是正确的，他们年龄比较小、软弱无助，但不需要做任何事情的时候却是他们最强大、最有权力的时候。男孩对自己没有信心，害怕自己什么都完不成。那他还有可能主动面对富有期望的未来吗？他肯定会回避所有单独考量他特长和能力的情况，所以，他会回避其他一切活动，只参与小范围的低要求的活动。在这种情况下，他就不需要做出那么多的努力来获得认可了，男孩在追求认可上只保留了最容易实现的部分，也就是依赖他人的婴幼儿想要获得的那份认可。

我们不仅要与男孩的老师、妈妈和哥哥进行沟通，还要与他的爸爸进行沟通，心理学家之间也要相互交流意见。这一系列的面谈需要投入很多的时间和精力，如果能与老师一起合作，我们就会省下很多力气。与老师合作并不是不可能，但绝非易事。很多老师依旧坚持陈旧的想法和方式，认为心理检查不是一件普通的事情。很多老师担心与心理专家共同进行心理检查意味着他们会失去一部分权力，或者干脆认为心理检查根本没有必要。真实情况并非如此。心理学属于科学范畴，我们无法一次性了解它的全部，但我们可以不断地进行研究和实践。如果我们没有正确地看待心理学，那也无法实现它的价值。

宽容是我们应该具备的一项品格，特别是对老师而言，接受新的、可能与现有想法冲突的心理学观点，是大智慧的体现。当与老师的想法相悖时，我们不能断然否定老师的观点，我们该如何去做呢？根据经验，在这种情况下，唯一能做的就是把孩子带出困境，也就是从那个学校转学。转学的解决方式有益于所有人。在新环境下，没有人知道男孩身上发生了什么，男孩对新学校也一无所知，他卸下了肩上的重担。他可以努力不让别人把他想成坏孩子，不让别人看轻自己。我们很难将男孩案例的前因后果解释清楚，但我们可以肯定家庭环境在其中有很大关系。每个案例都有它的特殊之处，我们需要根据实际情况处理。具有专业心理学知识的老师能够理解相关案例，在学校就能帮助问题孩子。因此，了解个体心理学的老师越多，我们就越容易处理孩子问题。

第13章

# 父母的启示

## 有效的家校合作

本书主要面向父母和老师，我们用全新的心理学观点看孩子的精神世界，父母和老师均能从中获益。如果孩子拥有了健康的人格，那他们是在父母的帮助下还是在老师的帮助下成长的就显得不那么重要了。我们这里所提到的教育指课业以外的教育，不是书本知识传授，而是引导个人的人格发展，这也是孩子的教育中最重要的部分。虽然父母和老师都能在孩子教育问题上贡献自己的力量，使家庭教育与学校教育互为补充，但在很多大城市，孩子教育的重任更多地落在了老师的身上。老师比父母更能接受新思想，孩子教育就是他们的职业兴趣所在。我们必须转变学校和老师的传统教育方式，获得父母的支持和配合，个体心理学才能广泛应用，帮助孩子做好面对未来的准备。

老师在教育工作过程中一定会与父母发生冲突。老师在帮助孩子改正自身问题之前，首先要找出父母教育存在的问题，这一点又激化了老师与父母的冲突。在外界和父母看来，老师的行为就像是在对父母进行指控。在这种情况下，老师该如何处理与学生家长的关系呢?

我们从老师的角度来看，他们在处理与父母的关系时就像在处理心理问题。如果父母读到这部分内容，请不要觉得受到了冒犯，因为老师的处理方式只适用于有问题的父母，问题父母不在少数，所以，这是老师需要处理的共性问题。

很多老师提到，面对问题孩子的父母远比面对问题孩子本身要难。老师一方面需要找出父母的问题，一方面又不能把孩子出现的各种问题都归咎于父母，所以，他们需要巧妙地处理问题。父母不是技术娴熟的教育者，他们有的不过是自己父母的经验。当父母因为孩子犯错被叫到学校时，他们会有一种受到指控的感觉。老师要有策略地处理这种类似内心罪恶感的情绪。因此，我们希望，在父母因孩子犯错来到学校时，老师能够安抚家长的情绪，和他们进行友好的沟通。老师作为协助者帮助父母认识到孩子的问题，争取父母的支持以便更好地解决问题。

即使理由充分，我们也不应该责备父母。当我们与父母协商一致，成功说服他们转变态度、按照我们的方式合作时，才会达到事半功倍的效果。而直接指出父母的错误会让他们感觉不舒服，导致他们拒绝合作。所以，不要纠结于他们过去的错误，我们要做的是让他们接受新的方式。孩子不会无缘无故地变成所谓的坏孩子，在过去的经历中一定有哪些事件导致了他们行为不端。父母认为自己一定是忽略了这些事情，于是他们来到学校寻找原因。我们不要让他们有“我们认为是这样”的感觉，也不要绝对或武断地对他们的孩子下结论。不要命令式地对他们提建议，在句子中试着用“或许”“可能”“你可以尝试这种方式”等词句。即使我们清楚知道问题所在以及该如何纠正，也不要直接向父母指出，因为这会给他们带来压迫感。虽然身为老师，我们也不可能掌握全部技巧，而且有些技巧也不是马上就能获得的。同样的想法在本杰明·富兰克林的自传中也有体现：

> 一位信徒朋友善意地提醒我，我为人看起来傲慢，在与他人交流的过程中我经常表现得居高临下。比如，在讨论某些问题时，我必须是正确的，而且态度嚣张跋扈、粗鲁无礼。我决定尽我所能改掉这个坏毛病，傲慢其实是非常愚蠢的行为。不管在什么事情上，我都要时刻保持谦虚。
>
> 我不想吹嘘自己已经具备了谦虚的美德，但在日常的行为表现中，我确实做到了。我为自己立下了一条规矩：不能全盘否定他人，也不能全盘肯定自己。按照我们这个圈子的旧准则，我在表达自己想法时不能使用过于绝对的词语，比如，“确定”“肯定”等，而用“我认为”“我理解

的是”“我猜测”“现在在我看来”等委婉的表达方式。当我认为某人的观点有错误时，我不再觉得断然否定他或立刻指出他想法中的荒谬之处是一种乐趣了。在回答他时，我不会直截了当地指出他的错误，而是说，在某些事情或某些情况中，他的意见可能是正确的，但就现在这件事而言，情况似乎略有不同等等。我很快体会到了说话方式改变后给我带来的好处：我们的谈话氛围更加愉快。我用谦虚的方式表达自己的看法时，对方更容易接受我的观点，而且反对的声音也变少了。当别人发现我观点中的错误时，我也不再表现得像以前那么窘迫；当我的观点恰好正确时，我也更容易说服他人放弃他们的错误观念，加入我的阵营。

刚开始时，我不习惯用谦虚的说话方式，因为这不符合我的性格，但当我逐渐改变时，它自然而然地就成了我自己的方式。在最近50年里，我在表达自己观点时不再武断。多亏了这个习惯（以及我正直的品格），当我提倡为老年人建立新的养老院、改善他们的生活时，我的建议受到了重视；当我成为公共委员会成员，我的话非常具有影响力。虽然我不善言辞，不知如何选择恰当的字词表达自己的想法，还经常出现语法错误，但我还是能够大致表达自己的观点，说服他人同意。

在现实生活中，人类本身具有的情绪中，没有一个像傲慢一样难以克服。无论如何掩饰、克制、压抑自己的傲慢，又或是与它抗争到底并战胜它，它还是会时不时地探出头来，站在你面前。你还是会经常看到它。即使我认为我已经完全克服了自己的傲慢，但我又很可能因为自己的谦虚而感到骄傲，这种情绪又出来了。

当然，我们不要期望也不要求这些话适用于生活中的所有情况。但富兰克林的态度告诉了我们，面对反对意见时，采取强硬的方式不可取，也不会成功。生活中根本就不存在适用于所有情况的基本法则，任何一条法则都可能突然间变得无效。某些情况下，言之凿凿有其必要，但如果考虑老师和焦虑的父母之间的情况，父母因为孩子的问题觉得很丢脸，而解决孩子的教育问题必须有家长配合，那么富兰克林的方式是唯一一个合乎逻辑的做法。

## 积极的教育方式

在孩子教育上，证明一方正确或者显示出一方的优越性完全没有必要，我们要做的是铺好帮助孩子的道路，在这期间一定会面临各种困难。很多父母拒绝听取任何意见，他们表现得惊讶，也可能是愤怒，对我们不耐烦且充满敌意，因为老师把不愉快的现实摆在了他们和孩子的面前。拒不承认问题的父母通常都选择对孩子的缺点视而不见，不愿面对现实。突然间，老师强制性地让他们睁开了双眼，整件事情确实会让人产生不快，所以，在父母没有做好准备的情况下，老师突然接触他们，或在接触过程中过于迫切，都会引起父母的反感。有些父母更过分，他们对老师出言不逊，让老师难以接近他们。在这种情况下，老师要让父母知道，只有依靠他们的帮助，老师才能顺利解决他们孩子出现的问题。让父母平静下来，直到他们能够心平气和地与老师沟通。还有一点，大多数父母在教育孩子时都坚持传统的方法，他们不可能在短时间摒弃旧方法。

比如，有的爸爸平时说话严厉、表情严肃，总是打击孩子，10 年来爸爸习惯如此，那我们很难让他一下子就变得温柔友好。而且，爸爸突然改变他对孩子的态度时，孩子也不会相信爸爸是认真想要改变。他会认为这是爸爸的骗局，即使爸爸改变了，他也需要很长时间才能重拾自信。受教育程度较高的人也不例外。有一个关于高中学校校长的案例，他总是不断地批评、指责自己的儿子，在这种家庭环境下，孩子濒临崩溃。校长在与我们的谈话中意识到了这一点。但当他回到家，他又一次严厉地训斥了儿子，因为儿子的懒惰，校长再一次地发火了。每一次儿子做了父亲不喜欢的事情时，父亲都会发火，训斥儿子。这是一位有教育者身份的父亲，他依旧控制不住自己的情绪，可想而知那些有着“孩子不打不成器”观念的父母会怎样对待孩子。老师掌握的每一项社交手段、每一个成熟的措辞都应该用到与父母的谈话中。

打击式教育普遍存在于较为贫穷的阶层，这个阶层的孩子，在学校要面对老师的教育，回到家，等待他们的还有父母的训斥。我们很遗憾地看到，我们教育的效果被父母错误的教育观念毁于一旦。**孩子会因为同一个错误受到两次惩罚，而我们认为一次惩罚足矣。**

有时候双重惩罚会引发严重后果。比如，一个孩子要把糟糕的成绩单拿回家。在家里，他害怕受到父母的训斥，于是偷偷把成绩单藏起来；在学校，他害怕受到惩罚，于是选择逃学，或者伪造父母的签字。我们不能忽视这些情况，更不能掉以轻心。我们必须结合孩子所处环境中的各种因素看问题。我们要问自己：当我这样做的时候，会发生什么情况？它会给孩子带来什么样的影响？它对孩子产生有益影响的概率有多大？孩子是否具备了负重前行的能力？他们可以从中学到有益内容吗？

孩子和成人面对困难时的反应各不相同。我们必须慎重对待再教育问题，只有在有把握的前提下，才能选择重塑孩子的生活模式。在深思熟虑和客观判断的基础上对孩子进行教育和再教育，这样才能够对结果更有把握。实践和自信是教育工作中的必要因素，而且我们也要坚定地相信，总会有办法使孩子免于崩溃。首先，一条普遍存在的准则是教育从来不会太早。有的老师把孩子看作一个统一体，把症状看作统一体的一部分，而有的老师只抓一个症状、处理它时又不会变通，比如，孩子没做作业，老师得知后立刻告诉他的父母。二者相比较，前者更能理解孩子，取得的效果也更好。

我们正在进入一个在孩子教育上有新想法、新方法、新理解的时代，科学正在淘汰那些过时的习惯和传统。随着知识的增多，老师身上的担子也越来越重，但他们也更能了解童年时期的问题，更有能力用自己的双手帮助问题孩子。我们要时刻谨记，**脱离人格的单一行为表现没有任何意义，只有在统一人格这个复杂的大背景下去研究孩子的行为才能有所收获。**

附录 I

# 心理调查问卷

该问卷由国际个体心理学家协会制定，用于了解和治疗问题孩子。

1. 孩子从什么时候开始有问题行为？当孩子第一次注意到自己的失败时，他是处于一种什么样的情况（心理方面或其他方面）？

以下因素非常重要：环境的改变、学校生活的开始、弟弟妹妹的出生、兄弟姐妹、在学校的失败、老师或学校的变动、新朋友、疾病、父母离婚、父母再婚、父母去世。

2. 在童年时期，孩子是否出现过某种心理或身体缺陷？比如，胆小、粗心大意、内向、笨拙、善妒、猜忌，以及在吃饭、穿衣、洗漱或睡觉时过于依赖他人。孩子是否害怕一个人或怕黑？他知道自己的性别吗？了解性别的第一、第二、第三性征吗？他如何看待异性？关于他的性别角色，他知道多少？他是否是继子或私生子？他是否是领养的孩子或是孤儿？养父母对他如何？养父母和他是否还有联系？他是否在正确的时间学习说话和走路？在学习说话和走路过程中是否遇到困难？出牙正常吗？在阅读、画画、唱歌、游泳等方面的学习过程中是否有困难？是否特别依恋某一个人，比如，爸爸、妈妈、祖父母或保姆？

我们需要判断他是否讨厌自己所处的环境，需要确定他自卑的来源；他是否总是逃避困难，是否有表现出自私自利、敏感的性格特征。

3. 孩子是否总是制造麻烦？他最害怕的事情是什么，最害怕的人是谁？他半夜会惊醒吗？他会尿床吗？不管是对弱小的孩子还是强壮的孩子，他是否都表现得非常霸道？他是否总是想要在父母的床上睡觉？他是否行动笨拙？他是否患过佝偻病？他的智商怎么样？他是否总被嘲笑和捉弄？他是否很在意自己的发型、衣服、鞋子等？他是否有咬指甲或挖鼻孔的习惯？他是否很贪吃？

了解他是否能够自信地追求优越感，以及固执的性格是否阻止他付诸行动，这对我们来说具有启发性意义。

4. 他善于交朋友吗？他对人和动物有耐心吗？他会折磨他们吗？他喜欢收藏或囤东西吗？他是否很贪心、喜欢嫉妒他人呢？他喜欢领导他人吗？他是否习惯于把自己封闭起来？

这些问题与孩子的社交能力以及他的自卑程度有关。

5. 根据孩子对以上问题的回答，我们可以判断他目前所处的状态。他在学校的行为表现如何？他喜欢学校吗？他是否准时上学？上学前他是否表现得很兴奋？他是否每次都急匆匆的？他是否会忘记课本、书包或练习册？在测验和考试前他是否会表现得很兴奋？他是否会忘记做作业或者拒绝做作业？他是否会浪费时间？他是否懒惰？他是否能集中注意力？他是否会扰乱课堂秩序？他是否对老师很挑剔、傲慢，或冷漠？他是主动请教其他同学，还是被动等待其他同学的邀请？他在体育运动方面是否争强好胜？他是否认为自己缺乏天赋或毫无天赋？他是否爱好读书？他喜欢读哪类书？

这些问题有助于我们了解孩子对学校生活的准备程度，入学后的情况，以及对待困难的态度。

6. 我们要获得关于家庭环境、家族病史、酗酒、犯罪倾向、神经性疾病、体弱、梅毒、癫痫、生活水平等方面的正确信息。是否有家人去世，孩子经历家人去世时有多大？他是孤儿吗？谁是家里最强势的人？家庭教育是否比较严厉？家长总是唠叨、挑他的错，还是很纵容他？家庭对他的影响是否让他害怕面对生活？家长的监管是什么样的？

从他在家庭里的情况和他对家人的态度，我们可以判断孩子受到的家庭影响。

7. 他在家庭里排行第几？他是最大的孩子还是最小的孩子？他是家里唯一的孩子还是家里唯一的男孩或女孩？家里的孩子是否总是相互竞争、争吵，彼此贬低？

这些内容对我们研究孩子性格及其对他人的态度有重要作用。

8. 孩子对职业的选择是否有自己的想法？他对婚姻的态度是什么？家庭其他成员都从事什么职业？父母的婚姻生活如何？

从这些问题，我们可以看出孩子是否有勇气和信心面对未来。

9. 他最喜欢的游戏、故事和历史人物分别是什么？他是否喜欢破坏其他孩子的游戏？他喜欢想象吗？他是否能沉着冷静地思考？他是否沉浸在自己的幻想中？

这些问题可以告诉我们他是否会在生活中扮演英雄。如果孩子的想象与他现实生活中的行为存在巨大差异，那说明他可能处于信心不足的状态。

10. 他最早的记忆是什么？他是否反复梦到飞翔、坠落、孤独无助、没有赶上火车等焦虑的梦？他是否会清晰记得那些梦？

在这些问题里，我们会发现孩子是否有与世隔绝的倾向，他很可能过于谨慎、有野心，喜欢特定的人，向往乡村生活等。

11. 从哪些方面可以看出孩子失去了信心？他是否认为自己被忽视？他是否会积极响应他人对自己的关注和称赞？他是否迷信？他是否会逃避困难？他是否会尝试各种新鲜事物，但每次都是半途而废？他是否会怀疑自己的未来？他是否相信遗传会带来严重影响？他是否总是受到周围人的打击？他是否有着悲观的人生观？

孩子对这些问题的回答可以反映出他是否对自己失去了信心，他是否选择了错误的道路。

12. 孩子还具有其他的伎俩和坏习惯吗？比如，喜欢扮鬼脸、经常做滑稽动作、假装自己很笨、表现幼稚等。

在这种情况下，孩子表现出的一点自信无非是为了获得关注。

13. 他是否有语言障碍？他是否相貌丑陋？他是否有畸形脚、八字脚、O型腿等问题？他是否发育不良、特别胖或特别高？他是否身材比例不好？他是否眼睛或耳朵不正常？他是否心理发育迟缓？他是否惯用左手？他晚上睡觉时是否打呼噜？他是否特别漂亮或英俊？

一般来讲，孩子会过度放大这些缺点，他也可能因此而终身受挫。对于非常漂亮或英俊的孩子来说，外貌也可能会影响他们的发展，他们认为自己不用付出任何努力就可以获得一切。漂亮或英俊的孩子很可能错失为生活做好准备的机会。

14. 他是否总是认为自己的能力不足，在学校、工作、生活中缺少“天赋”？他是否有自杀的想法？他遇到各种失败和问题的时间是否有联系？他是否会夸大成功？他是事事顺从别人，还是固执己见抑或是特别的叛逆？

这一点讲述的是孩子丧失信心的极端情况，特别是在孩子想要排除困难但却以失败告终的时候。他的失败，一部分是由于他做了无用功，一部分是由于他缺少对身边的人的理解。但他的想法必须以某种方式、在某件事上付诸实践，所以他会寻求其他更容易的方式。

15. 列举孩子能够成功完成的事情。

这些“积极的表现”是非常重要的线索，它们会告诉我们，孩子感兴趣的方向，想要做的事情和潜意识里做的准备可能不同于他现在所努力的方向。

从孩子对问卷的回答（上述15个方面的问题顺序应该根据

孩子的实际情况进行调整，通过谈话的形式得到孩子的答案），我们可以正确了解他们的人格。虽然我们都不愿看到孩子经历失败，但既然失败已经存在，就应该能够正视它，了解它。对于孩子犯错，我们应该耐心、友好地分析、解释，而不是用威胁的态度对待他们。

附录Ⅱ

# 案例分析

## 案例一

这个 15 岁的男孩是家里唯一的孩子，父母努力工作维持生计。在父母的照顾下，男孩健康地成长。他在幼儿时期生活快乐、身体健康。男孩的妈妈非常善良，但性情软弱。她用了很长时间讲述儿子的事情，期间曾多次中断。我们不了解爸爸，但据妈妈说，他是一位诚实、自信、精力充沛、热爱家庭的男人。男孩小的时候非常叛逆，爸爸经常说："我要是不打骂责罚他，以后他更是要无法无天了。"爸爸懒得去说教，只是在他犯错的时候鞭打他。在男孩的童年早期，他的叛逆体现在了想要成为家里的小霸王上，被过度宠爱的独生子经常会有这种愿望。他很早就表现出了反抗的倾向，形成了拒绝服从家长命令的习惯，直到他感觉自己不再受爸爸的控制。

现在的问题是，叛逆孩子形成的最显著性格特征是什么？答案就是"撒谎"。为了摆脱爸爸的严格控制，他会选择撒谎，这也是妈妈找到我们的主要原因。现在，男孩已经 15 岁了，父母从来不知道他是在撒谎还是在说实话。当我们进行更深入了解时得知，男孩曾经一段时间去的是教区学校，学校的老师也评价他不服从管教，扰乱课堂秩序。比如，老师没有叫他回答问题，但他会大声说出答案，或者他会直接在课堂上提问，打断老师讲课，或者在上课时大声与同学说话。他惯用左手，写作业时故意用左手写字，字迹潦草。他的行为变得彻底不受控制了，因为害怕爸爸的惩罚，他开始撒谎，而且大家都注意到了他这个问题。父母刚开始时决定让他继续留在学校，但不久后，他们给孩子办理了退学，老师认为他已经无药可救。

男孩是一个非常活跃的小伙子，老师们都认为他其实很聪明。他完成了初中教育，准备参加高中升学考试。妈妈在家里等待他，他考试结束后告诉妈妈他通过了考试。家里每个人都非常开心，暑假时他们去了乡下度假。男孩经常会说起高中学校，暑假结束后，学校开学了。男孩收拾好自己的书包去学校上学，每天中午回家吃午饭。然而，有一天妈妈陪他走到半路时，他们一起过马路，她听到一个男人说：“今天早晨这个热心的男孩为我指路，告诉我怎么去车站。”妈妈问男孩到底是怎么回事，上午有没有去学校。男孩回答说，学校上午 10 点就下课了，他陪着那个男人一起去了火车站。妈妈觉得这个解释有些牵强，晚些时候跟爸爸讲了这件事。爸爸决定第二天陪着儿子去学校。第二天，在去学校的路上，爸爸不断逼问儿子，男孩说出了实情，他没有通过高中入学考试，这些天他就是在外边闲逛，根本没去学校上学。

父母请了一位家教，在家教老师的辅导下，他最终通过了考试，但他的行为并没有得到改善。他仍然会扰乱课堂秩序，甚至开始了偷窃。他从妈妈那里偷钱，而且撒谎、拒不承认，直到警察介入，他才承认了自己的错误行为。这是一个因为父母疏忽导致孩子出问题的案例。爸爸曾得意地认为自己能够驯服孩子，现在却失望透顶，放弃了儿子。父母不再与男孩说话，也不关心他，这是对他的惩罚。父母还声称他们不会再打他了。

被问道“孩子从什么时候开始有行为问题？”，妈妈的回答是“从他出生开始”。当听到这个答案时，我们认为妈妈的答案暗指了男孩的坏行为是天生的，父母尝试了一切办法想改正他，但都失败了。

在婴儿时期，他表现得特别烦躁不安，日日夜夜不停地哭，但是所有的医生都认为孩子很正常也很健康。

但事情并不是像听起来的那样简单。婴儿大哭本不是什么特别的事情。哭的原因有很多，特别是对于没有照顾婴儿的经验的新手妈妈来说。宝宝尿湿的时候就会哭，但妈妈不是每次都能想到。当他哭的时候，妈妈会怎么做呢？她抱起孩子摇晃安慰他，给他一些喝的。但她真正应该做的是找出宝宝哭的原因，给孩子换一个尿布，让他舒服地躺着。如果妈妈这样做了，孩子就会停止哭泣，也不会产生不良的影响。

妈妈说，男孩学习说话和走路的时间都很正常，没遇到任何困难，出牙也很正常。但他有破坏玩具的习惯，父母把玩具给他后，他总是会弄坏它们。破坏玩具的行为表现并不意味着他一定有性格问题。值得我们注意的是他无法把注意力集中在一件事情上。作为妈妈应该如何训练孩子独立玩耍的能力？唯一的方式就是，孩子在玩的过程中，成人不应该总是打断他。我们怀疑妈妈没有做到这一点，从她的话中我们可以看出，比如，男孩总是给妈妈分配很多事情去做，总是黏着妈妈等。这是男孩尝试让妈妈宠爱他的最初表现，也是他灵魂深处最原始的渴望。

孩子从来没有自己一个人待过。

妈妈为自己辩护称。

他从来没有自己一个人待过，直到今天他也不喜欢自己一个人，甚至是一个小时都不行。晚上他也从来不是一个人，我们没有在晚上让他一个人待过。

这件事情说明了孩子跟妈妈的关系过于亲密，他也总是能够依赖妈妈。

他从来不害怕，不知道恐惧是什么。

在心理学家的常识中并没有这种说法，我们从来没有遇到过类似的问题。在深入了解事实后，我们知道了这其中的原因。男孩从来没有一个人待过，所以，他根本没有害怕的机会，对于这类孩子来说，害怕就是迫使他人陪伴他们的手段。只有当他独自一个人时害怕的情绪才会涌现出来。下面是另一个看起来有点矛盾的例子。

他特别害怕爸爸的藤条鞭。所以，他确实有害怕的东西？在鞭打结束后，他又会快速忘记疼痛，变得生龙活虎一般，即使偶尔受到非常严厉的惩罚也还是和原来一样。

这里就出现了很强烈的对比：妈妈歇斯底里；爸爸非常严厉，总是想要改掉妈妈的心软，爸爸的严厉将孩子推向了妈妈。也就是说，孩子离溺爱他的人越来越近，因为从这个人身上他可以简单容易地得到他想要的一切。

男孩 6 岁时在教区学校里牧师的监管下学习，过于活跃、时刻不安宁、注意力不集中等问题开始显露出来。牧师对他行为问题的不满要远多于对学习成绩的不满。最严重的问题是他片刻都不能安静。当一个孩子想要获得他人的关注时，还有什么比表现得调皮捣蛋更合适呢？男孩想要得到他人的注意。他习惯了吸引妈妈的注意力，当他进入了学校这个大圈子时，他就想要获得学校里新成员的关注。老师不知道这个孩子的目的，想要改正他的行为，于是单独责骂或训斥他，男孩反倒因此达到了自己的目的。他为了获得关注而付出了巨大的代价，但他已经习惯了。他在家里挨了不少打，也没有任何改变。如果学校能减轻惩罚，他是不是可以改变旧习惯呢？这种可能性不大。当他“屈尊”去学校时，作为补偿，他就想要成为众人关注的中心。

父母告诉他，每个人都必须安静才能保证课堂秩序，父母想要通过跟他讲道理来改变他的行为。当我们听到父母这样陈旧的说辞时，我们很怀疑父母是否有常识。同成人一样，男孩明白各种道理，他知道对错，但他其实是在考虑其他问题。他想要被人注意，而在学校保持安静无法让他如愿，而努力学习也很难得到足够的关注。在了解了男孩为自己制定的任务后，我们马上就理解了他的行为。当爸爸拿着他的藤条鞭过来时，男孩会安静一阵子。但妈妈说，爸爸一走开，男孩又开始无法无天了。鞭打和惩罚不过是短暂地中断了他的行为，但却无法达到彻底改变的效果。

他的情绪经常失控。

孩子经常利用自己的情绪变化吸引他人的关注。所以，有人认为情绪是一种节奏，在这种节奏中我们完成了自己的任务，也是一种由目标决定的行动方式。如果他只是想平静地坐在沙发上，他就不需要酝酿情绪。情绪会出卖一个人的内心世界，在我们这个案例中，男孩的情绪告诉我们他想要引人注意。

他喜欢把家里的东西拿到学校，卖了它们换钱，和朋友们一起消费。当他的父母发现这种情况后，开始每天在上学前对他搜身。爸爸非常严厉的惩罚让他最终改掉了这个习惯，但他转而又开始捉弄同学、扰乱课堂。

我们了解他为什么喜欢捉弄其他同学，他想要获得其他人的注意，迫使老师惩罚他，让自己看起来凌驾于学校的规章制度之上。

他胡闹的行为会逐渐消失，但每隔一段时间又会暴发，最终被学校开除了。

这就是我们之前提到过的，男孩努力想要获得他人的认可，在这个过程中他遇到了各种障碍，意识到了这些障碍会对他造成的影响。另外，在我们考虑了他惯用左手的因素后，我们对他的心理活动有了进一步的了解。我们可以推测，他想要避开一切困难，但总是事与愿违，而自己又缺乏信心解决这些困难。他越不自信，就越想证明自己的价值，越想获得他人的关注。他从入学开始就调皮捣蛋，直到学校忍无可忍，把他开除。

如果学校认为不能允许犯错者扰乱其他同学的学习，那么开除他似乎是最合理的选择。而我们认为教育的目的就是改正缺点，开除并不是正确的选择。如果男孩能够在妈妈那儿获得认可，那他就不需要在学校“大展拳脚”了。

在一位老师的建议下，父母利用假期时间把男孩送到了一个管教所。在这里，男孩受到了比学校更严厉的管教，但依旧没能改变男孩的行为问题。父母还是主要的监管人。孩子每周日回家，这一天是他最高兴的一天，但当不允许他回家的时候，他也没有生气。我们倒是可以理解这一点。他想要树立一个不畏困难的英雄形象，让周围人都这样认为。他会平静地接受爸爸的鞭打且不哭闹，不管事情多难处理，他也不表现出一丝懦弱。

学习成绩中等，家里一直聘请着辅导老师。

从这一点，我们看出他不是一个独立的孩子。老师告诉父母，如果他能安静一些，他还能进步。我们相信男孩可以好好学习，因为只有智力低下的孩子才不具备学习能力。

他没有绘画天赋。

这一信息很重要，从中我们可以得知他没有完全克服右手使用障碍。

他非常擅长体育运动，很快就学会了游泳，而且不害怕危险。

这一点说明他没有完全丧失信心，但只有在无关紧要的事情上他才有信心，这些事情对他来说很容易，他确定自己一定会成功。

他完全不会害羞，不管是门卫还是校长，他可以向任何人表达自己的想法，即使大家屡次告诫他不要上前说话。

我们知道，当老师和家长禁止他做某些事情的时候，他根本不在乎，但我们不能把不害羞看作自信的表现。大多数孩子都清楚他们与老师和校领导间的距离。男孩不害怕爸爸的藤条鞭，自然也不害怕学校校长，他会鲁莽地与校长对话，凸显自己的重要性，而他通过这种方式也确实达到了这种效果。

他会怀疑自己的性别，但又经常说不想成为女孩。

他对自己性别的看法并不是一定说明什么问题，但我们发现，性格调皮捣蛋的男孩有贬低女孩的倾向。通过贬低女孩的行为，他们可以获得自身的优越感。

他没有真正的朋友。

这一点很容易理解，其他孩子不会总让他扮演统治者的角色。

我们还没有向他解释过性相关问题。他的行为总是有一种想要控制他人的强烈意味。

他非常了解自己，而我们则需要倾入很多精力才能了解他。他知道自己想要什么，但他不清楚自己潜意识里的目标和行为之间的联系。他也不明白自己这种想要成为统治者的强烈愿望的程度和根源。他想要统治周围所有人，因为他总是看到爸爸统治整个家庭，他越想要统治他人，他内心越懦弱，因为他要依靠他人才能达成自己的目标。爸爸就是他的榜样，爸爸统治行为其实也源于自身。换句话说，他的目标是在自身懦弱的基础上制定的，懦弱的性格是自身目标源源不竭的养料。

他总是挑起事端，即使对方比他强壮。

这些人虽然强壮，但有弱点，因为他们会严肃对待自己的职责。当这个男孩行为粗鲁无礼时，他才可以信任自己。而且，他很难改掉这个坏习惯，他对自己的学习能力没有自信，只能用粗鲁无礼的行为伪装自己。

他不自私，一点也不吝啬。

如果把大方看作优点，那我们很难将这一特征与其他性格联系起来。一个人可以通过慷慨大方来展现他的优越感。这一特征其实反映了他对权力的渴望。他认为慷慨大方可以提升自身品德。很有可能他就是从爸爸身上学到的，对人慷慨大方，进而显得自己非常高尚。

他仍然会制造很多麻烦，他最害怕爸爸，接着是妈妈。他能够随时起床，也不是特别的虚荣。

这一点有关外在虚荣心。其实他的内在虚荣心很强。

他改掉了挖鼻孔的习惯。但依然固执，对食物非常地挑剔，不喜欢蔬菜，也不喜欢脂肪含量高的食物。他并不是完全没有社交，他喜欢听话的小朋友，喜欢动物和花。

喜欢动物反映了他对优越感的追求，对掌控一切的渴望。这种喜欢不是客观的，而是想要与地球的一切成为统一体的倾向。在这类孩子中，他们经常表现出想要统治的意愿，总是想给妈妈找事情做。

他想要成为领导者，不是真正意义上的那种。他有收集东西的习惯，但没有耐心，在收集上总是半途而废。

这类孩子的可悲之处就在于做任何事情都半途而废。他们害怕承担整个过程和结果的责任。

从10岁开始，他的行为有了改善。在此之前，他一刻也不能安静地待在屋内，一心想要在街上扮演英雄。经过很大的努力，他才有所改善。

事实证明，缩小活动范围，让他只能在家里活动，是满足他任性妄为的最佳方式。在这些有限的活动范围内，他调皮捣蛋的次数又增多了。其实应该让他在街上玩，我们要做的就是给予适当的监管。

放学回家后，他就开始做作业，不想出门，但在书桌前也是浪费时间，并没有认真做作业。

孩子活动范围非常狭窄的时候，就会出现注意力不集中、浪费时间的问题，他必须在成人的监管下进行。他必须参加集体活动，与同伴一起玩耍，在同伴中承担相应角色。

他曾经很愿意去学校。

这意味着老师不是很严厉，他去学校，很容易扮演英雄的角色。

他过去经常弄丢课本。他不害怕考试，因为他自信自己可以做好任何事情。

我们在这一点上发现了一个很常见的特征。如果一个人不管在什么情况下总是表现得乐观自信，那么他的内心深处其实对自己根本没有信心。这类人是十足的悲观主义者，他们总是在做毫无逻辑的事情，躲在幻想世界中，在这个世界中他们能够获得想要的一切；失败是他们意料之中的事情。他们有一种宿命的感觉，命运让他们在生活中表现得像乐观主义者一样。

**他注意力涣散。有些老师很喜欢他，而有些老师则非常讨厌他。**

性格温和的老师会非常喜欢他，老师很满意他的行为举止，他也很少在这些老师的课堂上捣乱，因为老师不会给他分配相对困难的任务。像大多数被溺爱的孩子一样，他不想集中注意力，也没有集中注意力的习惯。6岁以前，他根本没有这个概念，因为妈妈包揽了一切。生活中的所有事情都提前安排好了，他就像生活在笼子里一样。他未做好充分准备的特征在面对困难的时候就会显现出来。他没有习得应对困难的技能，对其他人不感兴趣，所以也不与其他人合作，他没有独立完成某件事情的意愿和自信。他只是想要在同龄人中脱颖而出，无须做任何努力就能超过他人。但他失败了，扰乱了学校的平静，没有获得他想要的关注，这一点让他的性格更加不讨人喜欢。

他总是想要能够轻而易举地获得一切，不顾及他人的感受，用最轻松的方式做每件事。这就是他的生活主题，具体表现为偷窃和撒谎等行为。

影响他生活方式发展的因素非常明显。首先是他的妈妈，妈妈为他提供了发展社会情感的动力，但不管是妈妈还是固执的爸爸都未能促进他的社会情感进一步发展。这些情感局限在妈妈的世界中，妈妈在场时，他感觉自己是关注的中心。

他对优越感的追求不再向着生活中有益的方向发展，而是以自身的虚荣为中心。为了把他引向生活中的有益方向，他自身性格的发展必须从头开始。他需要重拾自信，这样他才能欣然听取我们的意见。同时，我们需要扩大他的社会关系范围，通过帮助他建立社交关系，我们能够弥补妈妈未能引导家里唯一的孩子的缺憾。他需要和爸爸和解。对他的教育也要一步一步进行，直到他像我们一样了解自己过去生活方式中出现的错误。经过这样的改变，他的兴趣点不再放在一个人身上，他会逐渐培养自己的独立性，提高自信心，对优越感的追求也会慢慢向生活中有益的一面发展。

## 案例二

这是一个10岁男孩的案例。

学校反映他学习成绩较差，落后三个学期的学习内容了。

男孩10岁了，落后了三个学期的学习内容，我们推测他智力低下。

他现在在三年级第二个学期班，智商得分是101分。

这一点排除了他智力低下的可能性。那到底是什么原因导致他学习成绩落后呢？从男孩的角度来看，他努力，也参加活动，但没有收到任何效果。他想表现出自己有创造力、积极活跃，也想成为众人关注的中心，但努力方向却是错误的。我们也可以看到，他与学校对抗。他是一个斗士，他是学校的敌人，因此，我们明白了他为什么学习落后，学校的日常生活并不适合这样的斗士。

在需要他服从命令时，他反应很慢。

这一点很容易理解，他很聪明地做自己的事情。也就是说，在他看似愚蠢的行为中隐藏着他自己的方式。如果他真的是一名斗士，他一定会反抗命令。

他会与其他男孩打架，把玩具拿到学校。

他想要打造自己的学校。

他不擅长口算。

这说明，他缺少社会意识，以及社会意识里存在的社会逻辑。

他有语言缺陷，每周去上一次语言课。

语言障碍并不是由身体器官缺陷造成的，而是缺少社会合作引发的症状，表现为说话障碍。语言是一种合作态度，我们需要将自己与他人联系起来。在目前情况下，男孩利用语言缺陷作为他战斗的工具。他并没有主动克服自己的语言缺陷，对于这一点我们不感到奇怪，消除语言缺陷意味着放弃获得关注的工具。

当老师与他交谈时，他会左右晃动自己的身体。

他好像进入了备战状态。他不喜欢与老师交谈，因为在这种情况下他不是众人关注的中心。在老师说、他听的状态下，老师是胜利者。

妈妈（准确来说，是继母，生母在他婴儿时期就去世了）唯一的不满意就是他每天都处于紧张状态。

紧张情绪的背后涵盖了多种不良行为。

他是由奶奶和外婆抚养长大的。

其中一位老人对他造成了严重的影响，我们都知道，老人总是会过分地溺爱孩子。为什么大多数老人都会溺爱孙子女，这个问题值得我们深入考虑。问题的根源在于社会文化，如果社会对老年人的包容度太低，他们就会反抗这种待遇，想得到社会的公平对待，在这个问题上他们的态度是对的。老人用溺爱孩子的方式证明自己存在的重要性，让孩子们依赖自己，以此来向社会宣告自己有完整的人格。

而且在男孩的案例中有两位老人，她们之间会有非常激烈的竞争，她们总是想证明孩子更喜欢自己。所以，在这种竞争下，最大的受益者就是孩子，他仿佛置身天堂，可以得到任何想要的东西。他只需要说“另一个奶奶已经给我买了”，那么这位老人就会给孩子准备更多的东西。在家里，男孩就是关注的中心，我们也理解他为什么会把这种关注作为目标。现在他上学了，学校不会有他的奶奶和外婆，只有老师和同学们。他在学校成为关注中心的唯一方式就是跟所有人对抗。

他与奶奶、外婆一起生活的期间，他的学习成绩很差。

他不适合学校生活。他没有为学校生活做好准备。学校是检验他合作能力的测试地，他没有为此做好训练。妈妈才是帮助他发展合作能力的最佳人选。

爸爸再婚一年半了，孩子与爸爸和继母一起生活。

这种情况很棘手。继母或继父会增加孩子问题的复杂程度。继父母的问题一直存在，直到现在也没有得到任何缓解，受伤害最大的还是孩子。即使继母可以像亲生母亲一样对待孩子，但还是会遇到问题。我们不能说继父母的问题不可解决，只不过我们需要用特定的方式去解决。继父母不应该理所当然地认为孩子应该感激他们，他们需要用自己的行动去赢得孩子的感激。两位老人的存在也使问题更为复杂，继母与孩子相处的困难也相应增加了。

当继母第一次到男孩家时，她努力表现出自己的友好。她想尽办法想要赢得男孩的喜欢。哥哥的存在也是一个问题。

家里经常出现的另一个矛盾是哥儿俩之间的竞争，这也增加了这个孩子的好斗性。

男孩害怕爸爸，他很听爸爸的话，但他不听继母的话。因此，继母经常给爸爸打小报告。

继母选择了不恰当的教育方式，她把孩子推向了爸爸。当继母总是向爸爸打小报告说孩子们做了什么、没做什么时，当她威胁孩子们说“我会告诉你爸爸”时，孩子们就已经知道了她拿他们没办法，已经放弃他们了，所以他们会找机会对她发号施令。继母的说话方式和行为方式都反映了她的自卑情结。

如果他承诺好好表现，那继母会带他去他想去的地方，给他买想要的东西。

继母现在的处境很艰难。这么说的原因是，孩子们认为奶奶更重要，所以她一直生活在孩子奶奶的阴影下。

奶奶只是偶尔来看望孙子。

这种现象很常见，有的人偶尔来家里只待几个小时的时间，他们会对孩子很纵容，扰乱孩子的日常规律，走后把所有问题都留给了继母。

家里好像没有人真正地爱男孩。

他们好像都不再喜欢他了。大家刚开始都溺爱他，把他宠坏了，现在反倒不喜欢他了，甚至是奶奶也不喜欢了。

爸爸会鞭打他。

通过鞭打这种方式惩罚他起不到任何效果。孩子喜欢别人夸奖他，听到夸奖后他总是非常高兴。但他不知道如何好好表现获得夸奖。他只是要求老师的夸奖，而不会学着赢得老师的夸奖。

在夸奖之下，他会表现更好。

这种现象普遍存在于想要成为关注中心的孩子身上。

老师不喜欢他，因为他每天都是闷闷不乐的。

因为他是一个斗士，所以，这是他最好的防御方式。

男孩总是尿床。

这也是他想要成为关注中心的一种表现方式。他是用间接的方式来斗争，而不是用直接方式。他如何用间接方式与继母对抗呢？尿床，让继母半夜起来给他换床单；该睡觉的时候不睡觉，而是在床上看书；早晨不起床；有坏的饮食习惯等。总之，他总是有各种方式让继母围着他转，不管是白天还是晚上。尿床和语言缺陷，这是他对抗环境的两大武器。

为了改掉他的坏习惯，继母试了几次半夜叫醒他，让他上厕所。

继母半夜还陪着他一起，对他来说，这也是一种实现他目标的方式。

他总是用高高在上的态度对待同伴，所以，同伴都不喜欢他。还有几个身体柔弱的孩子想要模仿他。

他身体柔弱、没有自信，也不想用自信的方式生活、学习。同样柔弱的孩子在学校时会模仿他，这就是这类孩子获得关注的方式。

另外，大家也并不是真的不喜欢他，当他的作业被老师认为是最好的时候，同学们很高兴看到他的进步。

当他进步时，同学们很高兴。这对老师来说也是一个很好的现象。老师知道如何培养学生的合作精神。

男孩喜欢在街上与其他孩子一起玩球。

当他确定自己能够胜于其他人，成为领头人时，他才会与他们交朋友。

我们与继母讨论了这个孩子的情况，她在孩子和两位老人中的处境很难。而且我们还告诉她，男孩嫉妒哥哥，害怕自己被超过。在面谈的过程中，我们告诉男孩我们是他的朋友，但他还是保持沉默。交谈对他来说就意味着合作，他想要斗争，所以克制着自己不说话。对于自身的语言缺陷，他不采取任何措施改善，这说明他缺乏社会意识。

我们在成人身上也发现了用语言反抗的方式——保持沉默，而且还很常见。曾经有一对激烈争吵的夫妻，丈夫大喊大叫，冲着妻子说："看吧，你现在又沉默了！"妻子回复："我没有沉默，我就是不想说话！"

在男孩的案例中也是一样，他只是"不想说话"。当面谈结束后，我们告诉他可以离开了，但他好像并不想离开。他被告知面谈结束，而他不愿意离开，这说明他对我们还存有敌意。我们又告诉他下周和爸爸一起再来。

同时，我们告诉他："你总是做相反的事情，所以你不说话很正常。我们让你说话，你则会保持沉默；在学校本应该安静，你却总是说话扰乱课堂秩序。你认为这样就能成为英雄。如果我们告诉你'不要说话！'，那你就会开口说话。我们只需要用相反的口令引导你就行了。"

男孩回答问题才有助于我们增加对他的了解，而且我们也可以用一定的方式引导他说话。他可以用语言和话语来配合我们的工作。我们可以向他解释目前的情况，让他认识到自己的错误，通过这种方式，他才能逐渐改变自己。

我们必须认识到的一点是，只要男孩依旧保持自己的旧习惯，那他就没有动力改变自己。妈妈爸爸、奶奶外婆、老师、同伴，都融入了他习惯的生活方式中。他对他们的态度也是可以预料的，但当他来到诊所时，他面对的就是全新的情况。我们必须让这个新情况成真，让他确实处在一个全新的环境。在全新的环境中，他才能更好地显露旧环境下训练形成的性格特征。在这个案例中，我们可以跟他说“你不能说话”，那他的回答一定是“我要说”。我们通过这种间接方式将他引入谈话中，他才会放下所有防范。

在诊所，孩子面对的是一群观众，这对他们有深刻影响。诊所是一个全新的环境，在新环境下，他们知道自己不再局限在自己的小圈子，还有其他人对此感兴趣，他们属于大群体的一部分。所有这一切让他们比以前更想成为集体的一部分，特别是当要求他们再回来时。他们很清楚接下来的程序，问他们问题、了解他们的近况等。根据案例的具体情况，有的孩子一周来一次诊所，有的则每天都来。我们需要训练他们对待老师的态度。他们知道自己不会受到指责、训斥或批评，我们会用沟通的方式分析他们的问题，就好像是通过一扇打开的窗户来窥探孩子的内心想法。这一点给来访者留下了深刻印象。如果一对夫妻发生了争吵，在有人打开窗户时，争吵就会停止，情况就会变得完全不同。当窗户打开时，邻居会听到争吵，人们都不愿意向他人显露自己错误的性格特征。这是进步，当孩子来到诊所时，他们也会有这样的进步。

## 案例三

这个案例中的男孩当时是13岁半，是家中的长子。

在11岁时，他的智商得分是140分。

根据智力测试的结果，我们认为他是一个高智商孩子。

当他进入高一的第二学期时，学习成绩几乎没有任何进步。

根据我们经验来看，一旦一个孩子认为自己很聪明时，他很可能觉得自己不用付出任何努力就能获得一切，结果就是拥有较高智商的孩子停滞不前。比如，我们发现，孩子在青春期时觉得自己已经长大了，但其实并没有。他们想要证明自己不再是个孩子。他们越想证明自己，他们在现实生活中遇到的困难就越多。然后，他们就开始怀疑自己是否如想象中那样聪明。我们不建议告诉孩子他很聪明或者他的智商是140。孩子不应该知道自己的智商分数，父母也是一样。一个天分卓绝的孩子却成绩平平的原因就在于此。这种情况很危险。一个志向远大的孩子，在不能确定自己是否能够通过正确的方式获得成功时，他会转而使用错误的方式。这些错误的方式有，患神经性疾病、自杀、犯罪、懒惰或浪费时间。为了在无用的方面获得成功，孩子会找成百上千种借口。

最喜欢的学科是科学。喜欢和比他年龄小的孩子一起玩。

我们知道，与年龄小的孩子一起玩，事情就会变得更简单，他会有优越感，会成为他们的头领。我们需要注意孩子喜欢与比自己年龄小的孩子一起玩的这个现象，有可能是因为爸爸的态度，但并不是说所有案例都是这个原因。这其中就涉及一个人软弱的一面，父母的本能反应就是阻止孩子与年龄大的孩子一起玩。父母的阻止行为是有意识的行为。

喜欢玩足球和棒球。

我们可以假设他很擅长这两种运动。或许我们可以听到有人说男孩非常擅长某些事情，但对其他事情就一点也不感兴趣。这说明，对于自己有把握的事情，他会非常积极活跃；对于不一定会成功的事情，他就拒绝参加。这不是正确的行为方式。

喜欢玩扑克。

这就是浪费时间。

> 他做作业总是拖拉，影响了他上床睡觉的时间。

这就是他真正的问题所在了，而且所有的问题都集中在了这一点上。他在学习上停滞不前，所以他不想学习，总是浪费时间。

> 从刚出生开始，他的发展就很缓慢。直到两岁后，他才开始迅速发展。

在出生后的这两年时间里，我们不知道他为什么发展缓慢。很可能是因为家人过度溺爱他，所以，我们要解决的问题是在溺爱环境中成长的孩子。我们见过在溺爱中成长的孩子，他们不想说话、不想动、不想做任何事情，因为他们习惯了家人帮他们做这些事情，所以，根本没有外界因素能够刺激他们发展。但两岁后，他又快速发展了起来，唯一的解释就是他有了发展的动力。这个较大的刺激因素让他成了一个聪明伶俐的孩子。

> 比较突出的两个特点是诚实和固执。

对我们来说只有诚实是不够的。诚实确实是一项美德，也是一种优势，但我们不知道，他是否会利用这一优点来抨击他人。这很可能是他吹嘘自己的一种方式。他是一个喜欢领导和命令他人的孩子，诚实可能是他追求优越感的一种表现形式。我们不确定当男孩面对不利情况时，他是否还能坚持诚实做人。

至于固执，我们发现他会坚持自己的方式，喜欢与众不同，不喜欢被他人支使。

他会欺负弟弟。

这一点证实了我们的判断。他想成为领导者，因为弟弟不服从他的命令，所以他要欺负弟弟。这根本不是诚实的表现，如果你真的了解他，你就会发现他其实是爱说谎的孩子。他喜欢吹牛，我们可以感受到他的优越感。但优越感的背后隐藏的是他的自卑感。他人对男孩的过高评价让他有自卑感，所以他会用吹牛来弥补自身的自卑感。我们不能过度称赞一个孩子，因为这种过大的期望会无形中给他增加压力。当他发现自己很难达到他人的期望时，他就开始害怕，重新规划自己的人生，掩饰自己的弱点。因此就会出现他欺负弟弟的现象等。这就是他的生活方式。他觉得自己不够强大，也不够自信，无法独立、正确地解决生活中遇到的问题。因此，他痴迷于玩扑克。在玩扑克时，没有人会发现他的自卑感，即使他学习成绩特别差。父母会说他学习成绩差是因为总玩扑克，这个理由满足了他的自尊心和虚荣心。因为周围人总是批评他玩扑克，他的想法逐渐变成“因为我喜欢玩扑克，所以我不是好孩子；如果我不玩扑克了，我就会成为最好的孩子，但我还是喜欢玩扑克”。对这一个想法他很满意，起码说明自己有能力成为最好的孩子。在男孩能够了解自己心理活动的逻辑之前，他只能向自己宣泄情绪，将自卑感隐藏起来，不让自己和他人发现。只要他能够做到这一点，他就不会改变。因此，我们需要用委婉的方式向他解释性格出现问题的根源，告诉他，他现在的行为就像一个缺乏自信的人，不相信自己能够完成自己的任务。只有在隐藏起自己的软弱、自卑感后，他才觉得自己是强大的。就像我们之前提到的，我们可以用委婉的方式告诉他问题所在，不断地鼓励他改变自己。我们不应该总是夸奖他，反复向他强调自己的智商有多高，这种不断地提醒会给他带来压力，让他觉得自己不可能总是成功。童年时期的智商得分并不代表以后。所有优秀的实验心理学家都知道，智商得分只是针对测验对象当时的状态，人生又是非常复杂的，单从一个智力测验中我们无法判断一个人的人生。智商得分较高并不能保证孩子具备解决生活中所有问题的能力。

男孩真正的问题是缺乏社会意识和具有自卑感。这一点我们应该向他解释清楚。

## 案例四

这是一个关于 8 岁半的男孩的案例。这个案例清楚解释了家长会如何溺爱孩子。罪犯和神经性疾病患者常见于被溺爱的孩子中。我们最需要做的是停止溺爱孩子。这并不是说我们不能喜欢他们，而是说我们要停止纵容他们，我们要像朋友和同伴一样对待他们。这个案例诠释了被溺爱的孩子的各种特征，所以它非常具有研究价值。

*目前的问题：每年都要重修课程，现在刚升到 2A 级。*

入学第一年就重修课程的孩子，我们可以怀疑他智力低下。在分析过程中，我们必须首先要确认这一点。另一方面，如果孩子刚开始成绩不错，之后才出现成绩下降的情况，那我们可以排除智力低下这一问题。

*模仿幼儿的说话方式。*

他想被宠爱，因此，他会模仿一个小孩子。但这也意味着他有目的、有目标，所以他把模仿小孩子看作一种优势。男孩会理性地、有意识地制订计划，说明他智力没有任何问题。他没有为学校生活做好充分准备，所以他不喜欢学校。在学校他没有按照社交准则去发展，而是选择带有敌意地对抗所处环境。他对学校充满敌意的后果就是逐渐落后于每一位同学。

不听哥哥的话，总是与哥哥对着干。

由此我们可以看出，他不喜欢哥哥，所以，哥哥很可能是一个优秀的孩子。他能够与哥哥较量的唯一方式就是与哥哥相反，做一个坏孩子。而且，在他的幻想中，他想从婴儿时期就比哥哥优秀。

22 个月的时候才会走路。

他很可能患过佝偻病。直到 22 月龄的时候他才会走路，那说明妈妈在这么长时间内从未离开过他，总是在身边照看他。身体功能的缺陷是妈妈无微不至照看他、溺爱他的原因。

他说话很早。

现在我们可以肯定，他并非智力低下。智力低下很大程度上体现在语言障碍上。

他总是像小孩子一样说话。爸爸喜欢他这样。

爸爸也会溺爱他。

他更喜欢妈妈。家里有两兄弟，妈妈总说哥哥更聪明。两个男孩总是打架。

这是家里孩子相互敌对的情况。这种情况很常见，特别是在前两个孩子之间，两个一块长大的孩子之间也会出现敌对情况。敌对现象的心理学原理就是，第二个孩子出生后，第一个孩子的地位被剥夺了。如果家长能够在孩子间培养合作精神，那就可以避免这种情况。

他不擅长算数。

被溺爱的孩子在学校最不擅长的学科就是算术，因为算术涉及一个人的社会逻辑思维，而被溺爱的孩子不具有这种思维。

他的头脑一定有什么问题。

我们无法判断。他表现得很聪明。

妈妈和老师认为他有手淫的习惯。

他确实可能会。大多数孩子都会这样做。

妈妈说他有黑眼圈。

我们不能单凭黑眼圈就认为他有手淫的习惯，虽然人们会这样怀疑。

他十分讲究饮食。

他总是想占据妈妈的时间，在吃饭这个问题上也不放过妈妈。

他害怕黑。

害怕黑也是被溺爱的孩子的一个共性。

妈妈说他有很多朋友。

我们认为这些朋友都听他的话。

他对音乐感兴趣。

观察有乐感的人的耳郭，我们会发现他们的一个共性。有乐感的人，他们耳郭里的曲线发育得要比其他人好。当我们观察男孩时，我们肯定他的外耳曲线发育良好，而且更为敏感。这种敏感可以体现在对和声的喜欢，耳朵发育较好的人非常适合接受音乐训练。

他喜欢唱歌，但他有耳部疾病。

耳朵有问题的人无法忍受生活中嘈杂的声音，而且他们患有耳朵缺陷的概率比其他人高。听觉器官的发育受遗传影响，这就是为什么音乐天赋和耳疾会代代相传。男孩患有耳疾，而家里其他成员却有音乐天赋。

治疗男孩的最佳方式就是培养他的独立自主。目前，男孩特别依赖他人，他认为妈妈必须时刻陪在他身边，照顾他。他做什么事都想要妈妈的支持和帮助，而妈妈总是会非常愿意给孩子支持和帮助。我们应该让他自由地做自己想做的事，即使犯错也没关系。只有通过这种方式，他才能够学会独立自主。兄弟俩都觉得父母更喜欢对方，因此总是互相嫉妒。男孩要学会与哥哥和平相处。

我们需要帮助男孩树立信心，勇于面对学校生活中的各种问题。我们可以想象一下，如果他不坚持上学，事情将会如何发展。一旦他不喜欢学校了，他就会走向颓废的生活。日复一日地逃学，直到最后彻底离开学校，离家出走，加入社会团伙。我们应该防患于未然，如果不及时帮助男孩进行自我调整，尽快适应学校生活，那将来我们面对的很可能就不是简单的心理问题了，而是青少年犯罪。学校对孩子来说是一个至关重要的测试地。就目前来看，他没有做好用社交方式解决问题的准备，这也就是为什么他在学校生活中会遇到各种难题。但还是应该由学校来帮助他重新树立信心，而有的学校还不具备这样的条件，比如，班上学生过多、老师缺乏心理鼓励的专业知识和技能。这是教育界的悲哀。如果老师可以给予男孩适当的鼓励和激励，那他的心理问题就会迎刃而解。

## 案例五

最后一个案例是有关一个10岁的小女孩的。

女孩在学习算术和拼写时遇到了障碍，学校建议她到诊所接受检查。

大多数被溺爱的孩子都不擅长算术，但并不是说被溺爱的孩子一定学不好算术，只是在我们的案例中，确实存在这种规律。而且大多数惯用左手的孩子会遇到拼写困难，他们接受到的训练都是从右往左看，当他们阅读时，他们也是从右往左阅读。他们会正确阅读和拼写，只不过跟其他人相反。不会有人理解他们是从右侧开始阅读，人们觉得大家都是从左侧开始。所以，他们就觉得自己不会阅读，对外人也只是说自己不会阅读或拼写。如果是在纽约，我们必须考虑她来自其他国家的可能性，如果确实来自其他国家，那她很可能还没有完全掌握英语。在欧洲的话，我们就可以不考虑她来自哪儿。

女孩的家庭生活中值得一提的是，他们在德国时失去了大部分财产。

我们不清楚他们是什么时候从德国来的。但我们可以肯定女孩的家庭很可能之前经济条件优越，突然就失去了一切。家庭条件的变化对女孩来说就是进入了一个新环境，新环境也是一场测试。在新环境里，我们会知道她是否会合作，是否能适应新的社会环境，是否有自信，更重要的一点是她是否能够承受贫穷的负担，换言之就是她是否能够合作。就目前来看，她似乎不具有合作精神。

她在德国时是一位优秀的学生，8 岁时离开德国。

那就是两年前发生的事情。

在现在的学校里，老师不喜欢她，她拼写不好，算术的讲授方式与德国也不一样。

老师会因为她拼写和算术成绩较低而惩罚她。

妈妈很宠爱她，她很依赖妈妈。爸爸和妈妈她都同样喜欢。

如果你问孩子“你最喜欢谁，爸爸还是妈妈”，他们的回答大多数都是“我都喜欢”，这其实并不是他们的真心话，而是有人教他们这么说。有很多种方式可以检测答案的真实性。比较好的一种方式就是，让孩子坐在爸爸妈妈中间，当我们与父母交谈时，孩子会不由自主地挪向最喜欢的那个人。同样，孩子进屋看到爸爸妈妈时，他们会直接走向最喜欢的那个人。

她有同龄的女生朋友，但不多。最早的记忆是：8岁时，她和父母在乡下居住，经常和一只小狗在草坪上玩。在那时，他们还有一辆马车。

她记得家里富有时的生活，草坪、小狗和马车。这与成人破产后经常回忆以前有车、有马、有大房子和用人等的日子一样。我们能够理解她目前的不满足感。

经常梦到圣诞节、圣诞老人和礼物。

她的梦境和现实生活都展现了相同的人生观。她总是想要得更多，因为她感觉自己被剥夺了一切，想要重新获得过去的一切。

依赖妈妈。

这是她信心受挫和在学校遇到困难的表现。我们可以告诉她，她需要比其他同学更加努力才行，多花些时间在学习上，同时也要树立自信。

她又一次来到诊所，这次是独自一人来的。她在学校的情况有所好转，在家里开始独立做所有事情。

我们建议她要学会独立，自己完成自己的事情，不要总是依赖妈妈。

她会为爸爸做早餐。

这是逐渐培养起合作精神的表现。

她认为自己现在更加自信了，在面谈中也表现得更自然。

她又一次来到诊所，这次是带着妈妈。

她这次与妈妈一起来到诊所，妈妈是第一次来。妈妈虽然很努力，但还是无法摆脱过去。妈妈说，孩子两岁时由她领养，一直隐瞒至今。在两岁前，孩子辗转过6个地方。

这是一个不愉快的过往。女孩两岁前的生活并不好。现在女孩又多了一个特征，两岁前，人们讨厌她、忽视她，然后遇到了现在的妈妈，关心她、爱护她。潜意识里女孩过去的可怕经历让她想要紧紧抓住现在的有利环境。两年时间足以让孩子印象深刻了。

当妈妈领养女孩时，其他人告诉她，一定要严格对待女孩，因为女孩的家庭不好。

给妈妈建议的这个人过于迷信遗传。如果妈妈真的严格对待女孩，而女孩也真的成了问题孩子，那这个人就会说：“看吧，我说对了！”他不会知道他才是罪魁祸首。

生母不是一位好母亲。因为女孩不是亲生孩子，养母认为自己对女孩有着更大的责任。养母有时会打孩子。

情况不如以前有利。养母有时会停止对女孩的溺爱，而是惩罚她。

爸爸会溺爱女孩，爸爸对她有求必应。如果她想要养母给她买东西，她不会说“请”或“谢谢”，而是说“你又不是我妈妈”。

孩子知道如何击中成人的要害。我们之前遇到过一个 20 岁的男孩，他不相信自己的妈妈是亲生妈妈，而父母又坚定地认为孩子不知道这个秘密。很显然，他有这种感觉。孩子可以从细节处得出结论。虽然养母认为孩子不知道她是被领养的，但她可能已经察觉到了。

她会向妈妈说攻击的话，而不会向爸爸。

爸爸根本没有给她机会攻击他，因为爸爸对她百依百顺。

妈妈不知道女孩为什么在新学校会发生这么大变化。在现在的学校，她每次都拿回来较差的成绩单，妈妈不得不惩罚她。

这个可怜的孩子由于成绩差，已经深感羞愧和自卑，而妈妈又打她，孩子一下子面对了太多的负面因素。被妈妈惩罚和不佳的成绩，面对其中一个对孩子来说就已经很难过了。老师应该意识到这一点，他们给孩子的低分，或许就是家庭问题的开端。明智的老师知道低分是妈妈打孩子的理由，就会避免给孩子过低的分数。

孩子说，她有时突然想发脾气。她在学校很兴奋，总是影响班级里的其他同学。她认为自己应该总是第一名。

女孩是家里唯一的孩子，爸爸对她有求必应，这种想法经常会出现在独生子身上。我们可以理解她为什么喜欢什么事都是第一。我们知道过去她在乡下拥有大片土地等，而现在她觉得自己被剥夺了过去的优势。由此，她对优越感的追求就更强烈了，但她没有途径来释放自己对优越感的追求，所以，她会突然失控，制造各种麻烦。

我们告诉她，她必须学会合作。她变得兴奋无非就是想要成为关注的中心，突然发脾气也是为了让所有人看向她。她在学校也不努力，妈妈对她的成绩很生气，她用不努力来对抗妈妈。

> 梦到圣诞老人会给她带来好多礼物，她醒后却发现什么都没有。

这个梦说明了她想再次体验拥有一切时的感觉和感受，但“醒后却发现什么都没有”。我们不能忽视这一潜藏的风险。如果我们梦到自己拥有一切，而醒来后却发现什么都没有，我们肯定会感觉失望。梦所唤醒的感觉其实与醒后的态度一致。也就是说，女孩梦境的情绪目标并不是要回忆拥有一切的美妙感觉，而是失去一切的失望感。就是为了这个目标，女孩反复做同样的梦，直到目标达到，失望感清晰出现。忧郁症患者也会梦到美好的梦境，而醒来后却发现现实与梦相反。我们可以理解，女孩为什么想要反复体会失望。她想把这一切都归咎于妈妈，现在的生活对她来说黯淡无光。她感觉自己一无所有，妈妈从不满足她的要求，“她只会打我，只有爸爸给我想要的东西”。

从女孩的案例中我们可以看到，女孩想要让自己变得失望，这样她就有理由指责妈妈。她在与妈妈对抗，如果我们想要平息这场“战争”，我们必须说服她，让她知道自己在家的行为、在学校的行为和经常做的梦都是一个错误模式。她错误的生活方式很大程度是因为在美国的居住时间短暂，对英语还不熟悉。

所以，我们要告诉她，这些困难本来很容易克服，但她却故意用它们来对抗妈妈。同时，我们还应该说服妈妈不要再打孩子，女孩也就无法把妈妈的惩罚当作对抗她的理由了。让孩子意识到，“我不集中注意力听讲、难以自控、突然大发脾气，都是因为想要找妈妈的麻烦”。如果她能了解这一点，她就可以改变自己的坏行为。她了解了自己在家和学校、梦境里的经历和表现形式的含义后，性格一定会发生变化。

所以，心理学的目的是理解个体如何运用自己的感觉和经历。换句话说，心理学就是要了解人们的行为和应对刺激的感知方式；了解他们如何看待特定的刺激因素，对刺激做出何种反应以及如何利用它们达到自己的目的。

# 出版说明

本书是人本主义心理学先驱、个体心理学的创始人阿尔弗雷德·阿德勒的代表作之一，也是经典儿童心理学著作，自1930年首次出版以来，已在全球畅销90年，被翻译成数十种语言，对儿童教育和儿童心理学的发展产生了深远的影响，阿德勒的观点至今仍被广为传播和运用。重新出版此书，将有助于读者了解儿童心理学的发展历程。

为了方便读者阅读和检索相关内容，本版在原书基础上增加了小标题，并基于当前的时代背景，对本书内容做了适当调整，对个别案例做了适当修改。